NO TUMSA LĪDZ VALDĪBAI: 40 dienas, lai atbrīvotos no tumsas slēptās vardarbības

Globāla apzinātības, atbrīvošanas un spēka dievkalpojums

Indivīdiem, ģimenēm un tautām, kas gatavas būt brīvām

Autors

Zacharias Godseagle; Ambassador Monday O. Ogbe and Comfort Ladi Ogbe

Saturs

Par grāmatu – NO TUMSA LĪDZ VALDĪBAI 1
Aizmugurējā vāka teksts 3
Vienas rindkopas mediju reklāma (presei/e-pastam/reklāmas aprakstam). 4
Veltījums 6
Pateicības 7
Lasītājam 8
Kā lietot šo grāmatu 10
Priekšvārds 13
Priekšvārds 15
Ievads 16
1. NODAĻA: TUMŠĀS VALSTĪBAS IZCELSMES 19
2. NODAĻA: KĀ ŠODIEN DARBOJAS TUMŠĀ VALSTĪBA 22
3. NODAĻA: IEEJAS PUNKTI – KĀ CILVĒKI KĻŪST ATKARĪGI 25
4. NODAĻA: IZPAUSMES – NO PIESTĀVĒŠANAS LĪDZ APSĒSTĪBAI 27
5. NODAĻA: VĀRDA SPĒKS – TICĪGO AUTORITĀTE 29
1. DIENA: ASINS LĪNIJAS UN VĀRTI — ĢIMENES ĶĒDŽU PĀRTRAUKŠANA ... 32
2. DIENA: SAPŅU IEBRUKUMI — KAD NAKTS KĻŪST PAR KAUGAS LAUKU ... 35
3. DIENA: GARĪGIE LAULĀTIE — NESVĒTAS SAVIENĪBAS, KAS SAIŽ LIKTEŅUS ... 38
4. DIENA: NOLĀDĒTIE OBJEKTI – DURVIS, KAS APĢĒRBA 41
5. DIENA: APBURTS UN PILMĀTS — ATBRĪVOŠANĀS NO ZĪLĒŠANAS GARA ... 44
6. DIENA: ACS VĀRTI – TUMSA PORTĀLU SLĒGŠANA 47
7. DIENA: VĀRDU SPĒKS — ATTEICĪŠANĀS NO NESVĒTĀM IDENTITĀTĒM ... 50
8. DIENA: VILTUS GAISMAS ATMASKOŠANA — JAUNĀ LAIKMETA SLAPAS UN EŅĢEĻU MANTIŅAS ... 53
9. DIENA: ASIŅU ALTĀRIS — DERĪBAS, KAS PIEPRASA DZĪVĪBU ... 56

10. DIENA: NEKAUGLĪBA UN TRAUCĒTĪBA — KAD DZEME KĻŪST PAR KAUGAS LAUKU 59
11. DIENA: AUTOIMŪNAS TRAUCĒJUMI UN HRONISKS NOGURUMS — NEREDZAMAIS IEKŠĒJAIS KARŠ 62
12. DIENA: EPILEPSIJA UN GARĪGAS MOKĀS — KAD PRĀTS KĻŪST PAR KAUGAS LAUKU 65
13. DIENA: BAILES GARS — NEREDZAMO MOKĀJUMU BŪRA SALAUCŠANA 68
14. DIENA: SĀTANISKAS ZĪMES — NESVĒTĀS ZĪMES DZĒŠANA 71
15. DIENA: SPOGUĻU VALSTĪBA — IZBĒGŠANA NO ATSPULGU CIETUMA 74
16. DIENA: VĀRDU LĀSTU SARAUTŠANA — SAVA VĀRDA, SAVAS NĀKOTNES ATGŪŠANA 77
17. DIENA: ATBRĪVOŠANA NO KONTROLES UN MANIPULĀCIJAS 80
18. DIENA: NEPIEDOŠANAS UN RŪGTUMA SPĒKA SALAUCŠANA 83
19. DIENA: DZIEDINĀŠANA NO KAUNA UN NOSODĪJUMA . 86
20. DIENA: MĀJAS RAGANAS — KAD ZEM VIENA JUMTA DZĪVO TUMSA 89
21. DIENA: JEZABEĻES GARS — PAVELDINĀŠANA, KONTROLE UN RELIĢISKAS MANIPULĀCIJAS 92
22. DIENA: PITONI UN LŪGŠANAS — SASPIEŠANAS GARA LAUOŠANA 96
23. DIENA: NEKĀRTĪBAS TRONI — TERITORIĀLU CIETOKŠŅU NOGĀŠANA 99
24. DIENA: DVĒSELES FRAGMENTI — KAD TRŪKST DAĻAS NO TEVIS 102
25. DIENA: DĪVAINU BĒRNU LĀSTS — KAD LIKTEŅI TIEK APMAIŅOTI DZIMŠANAS LAIKĀ 105
26. DIENA: SLĒPTIE VARAS ALTĀRI — ATBRĪVOŠANĀS NO ELITES OKULTISKĀM DERĪBĀM 109
27. DIENA: NESVĒTĀS ALIANSES — BRĪVMŪNIECĪBA, ILLUMINĀTI UN GARĪGĀ INFLITRĀCIJA 112

28. DIENA: KABALĀ, ENERĢIJAS TĪKLI UN MISTISKĀS "GAISMAS" VALDĪJUMS..................115
29. DIENA: ILLUMINATU PLIVS — ELITES OKULTĀTO TĪKLU ATMASKOŠANA..................118
30. DIENA: NOSLĒPUMU SKOLAS — SENI NOSLĒPUMI, MŪSDIENU VERDZĪBA..................121
31. DIENA: KABALĀ, SVĒTĀ ĢEOMETRIJA UN ELITES GAISMAS MALDA..................125
3. DIENA 2: ČŪSKAS GARS MŪSU IEKŠĒJĀ DZĪVOTĀJĀ — KAD ATBRĪVOŠANA NĀK PAR VĒLU..................129
33. DIENA: ČŪSKAS GARS MŪSU IEKŠĒJĀ — KAD ATBRĪVOŠANA NĀK PAR VĒLU..................133
34. DIENA: MŪRSNIEKI, KODI UN LĀSTI — Kad brālība kļūst par verdzību..................137
35. DIENA: RAGANAS SOLOS — KAD ĻAUNUMS IEBRAUCA PA BAZNĪCAS DURVĪM..................141
36. DIENA: KODĒTIE BURVESTĪBAS — KAD DZIESMAS, MODE UN FILMAS KĻŪST PAR PORTĀLIEM..................145
37. DIENA: Neredzamie varas altāri — brīvmūrnieki, kabala un okultās elites..................149
38. DIENA: DZEMDES DERĪBAS UN ŪDENS VALSTĪBAS — KAD LIKTENIS TIEK APGĀTINĀTS PIRMS DZIMŠANAS..................153
39. DIENA: ŪDENS KRISTĪŠANA VERDZĪBĀ — KĀ ZĪDAIŅI, INICIĀĻI UN NEREDZAMĀS DERĪBAS ATVER DURVIS..................157
40. DIENA: NO PIEGĀDĀTĀ LĪDZ PIEGĀDĀTĀJAM — TAVAS SĀPES IR TAVA IESVĒTĪŠANA..................161
360° IKDIENAS ATBRĪVOŠANAS UN VADĪBAS DEKLARĀCIJA - 1. daļa..................164
360° IKDIENAS ATBRĪVOŠANAS UN VADĪBAS DEKLARĀCIJA - 2. daļa..................166
360° IKDIENAS ATBRĪVOŠANAS UN VADĪBAS DEKLARĀCIJA - 3. daļa..................170
SECINĀJUMS: NO IZDZĪVOŠANAS LĪDZ DĒLA STATUSAM — PALĪDZĒT BRĪVĪBAI, DZĪVOT BRĪVI, ATBRĪVOT CITUS..................174
Kā piedzimt no jauna un sākt jaunu dzīvi kopā ar Kristu..................177

Mans pestīšanas brīdis 179
Jaunās dzīves Kristū apliecība 180
SAZINIES AR DIEVA ĒRGĻA MINISTRIJAS 181
IETEICAMĀS GRĀMATAS UN RESURSI 183
1. PIELIKUMS: Lūgšana, lai atpazītu slēptu burvestību, okultas prakses vai dīvainus altārus baznīcā 197
2. PIELIKUMS. Atteikšanās no plašsaziņas līdzekļiem un attīrīšanas protokols 198
3. PIELIKUMS: Brīvmūrniecība, Kabala, Kundalini, Burvestība, Okultais atteikšanās raksts 199
4. PIELIKUMS: Svaidāmās eļļas aktivizēšanas ceļvedis 200
PIELIKUMS : Video resursi ar liecībām garīgajai izaugsmei 201
Ar šo nedrīkst spēlēties 202

Autortiesību lapa

NO TUMSA LĪDZ VALDĪBAI: 40 dienas, lai atbrīvotos no tumsas slēptās vardarbības - globāla apzinātības, atbrīvošanas un spēka pārdomu grāmata,

ko sarakstījis Zahariass Godseagle , Comfort Ladi Ogbe un vēstnieks Pirmdiena O. Ogbe

Autortiesības © 2025 **Zacharias Godseagle un God's Eagle Ministries - GEM**

Visas tiesības aizsargātas.

Nevienu šīs publikācijas daļu nedrīkst reproducēt, uzglabāt atgūšanas sistēmā vai pārraidīt jebkādā formā vai ar jebkādiem līdzekļiem — elektroniski, mehāniski, fotokopējot, ierakstot, skenējot vai citādi — bez iepriekšējas izdevēju rakstiskas atļaujas, izņemot īsus citātus, kas ietverti kritiskos rakstos vai apskatos.

Šī grāmata ir dokumentāls un reliģisks darbs. Daži vārdi un identificējoša informācija nepieciešamības gadījumā ir mainīti privātuma labad.

Svēto Rakstu citāti ir ņemti no:

- *New Living Translation (NLT)* , © 1996, 2004, 2015 Tyndale House Foundation. Izmantots ar atļauju. Visas tiesības aizsargātas.

Vāka dizains — GEM TEAM
Interjera plānojumu veidojis GEM TEAM
Izdevējs:
Zacharias Godseagle un God's Eagle Ministries - GEM
www.otakada.org [1] | ambassador@otakada.org
Pirmais izdevums, 2025. gads.
Iespiests Amerikas Savienotajās Valstīs.

---

1. http://www.otakada.org

Par grāmatu – NO TUMSA LĪDZ VALDĪBAI

NO TUMSA LĪDZ VALDĪBAI: 40 dienas, lai atbrīvotos no tumsas slēptās vardarbības - *Globāla apziņas, atbrīvošanas un spēka dievkalpojums - indivīdiem, ģimenēm un tautām, kas gatavas būt brīvām* nav tikai dievkalpojums — tā ir 40 dienu globāla atbrīvošanas tikšanās **prezidentiem, premjerministriem, mācītājiem, baznīcu darbiniekiem, uzņēmumu vadītājiem, vecākiem, pusaudžiem un ikvienam ticīgajam**, kurš atsakās dzīvot klusā sakāvē.

Šī spēcīgā 40 dienu garā pārdomu grāmata pievēršas *garīgajai cīņai, atbrīvošanai no senču altāriem, dvēseles saišu pārraušanai, okultisma atmaskošanai un sniedz liecības no bijušajām raganām, bijušajiem sātanistiem* un tiem, kas ir pārvarējuši tumsas spēkus.

vadāt valsti, esat **draudzes mācītājs**, **vadāt uzņēmumu** vai **cīnāties par savu ģimeni lūgšanu kambarī**, šī grāmata atklās to, kas ir slēpts, stāsies pretī tam, kas ir ignorēts, un dos jums spēku atbrīvoties.

40 dienu globāla apzinātības, atbrīvošanas un spēka dievkalpojums
Šajās lapās jūs saskarsieties ar:

- Asinslīnijas lāsti un senču derības
- Garu laulātie, jūras gari un astrālā manipulācija
- Brīvmūrniecība, kabala, kundalini atmodas un burvestību altāri
- Bērnu iesvētības, pirmsdzemdību iesvētības un dēmoniskie nesēji
- Mediju infiltrācija, seksuāla trauma un dvēseles fragmentācija
- Slepenas biedrības, dēmoniska mākslīgā intelekta un viltus atdzimšanas kustības

Katra diena ietver:

- Reālu stāstu vai globālu modeli
- Uz Svētajiem Rakstiem balstītu ieskatu
- Grupas un personīgos pielietojumus
- Atbrīvošanas lūgšanu + pārdomu dienasgrāmatu
Šī grāmata ir domāta jums, ja jūs:

- Prezidents **vai politikas veidotājs,** kas meklē garīgu skaidrību un aizsardzību savai tautai
- Mācītājs, **aizlūdzējs vai baznīcas darbinieks** cīnās ar neredzamiem spēkiem, kas pretojas izaugsmei un šķīstībai
- **vadītājs vai vadītājs** saskaras ar neizskaidrojamu karadarbību un sabotāžu
- Pusaudzis **vai students,** kuru vajā sapņi, mokas vai dīvaini notikumi.
- Vecāks **vai aprūpētājs** pamana garīgos modeļus jūsu asinslīnijā
- Kristiešu **līderis,** noguris no nebeidzamiem lūgšanu cikliem bez izrāviena
- Vai vienkārši **ticīgais, kas gatavs pāriet no izdzīvošanas uz uzvarošu valdīšanu**

Kāpēc šī grāmata?
Jo laikā, kad tumsa valkā gaismas masku, **atbrīvošanās vairs nav izvēles iespēja**.
Un **vara pieder informētajiem, aprīkotajiem un padevušajiem**.
Sarakstījuši Zahariass Godsīgls, vēstnieks Mandejs O. Ogbe un Komforts Ladi Ogbe, šī ir vairāk nekā tikai mācība — tas ir **globāls modināšanas aicinājums** Baznīcai, ģimenei un tautām celties un cīnīties pretī — nevis bailēs, bet gan **gudrībā un autoritātē**.

Tu nevari mācīt to, ko neesi nodevis. Un tu nevari valdīt, kamēr neesi atbrīvojies no tumsas tvēriena.

Pārtrauciet ciklus. Sāciet saskarties ar slēpto. Atgūstiet savu likteni — dienu pēc dienas.

Aizmugurējā vāka teksts

NO TUMSA LĪDZ VALDĪBAI
  40 dienas, lai atbrīvotos no tumsas slēptās vardarbības
  Globāla apziņas, atbrīvošanas un spēka dievkalpojums
  Vai esat **prezidents**, **mācītājs**, **vecāks** vai **lūdzošs ticīgais** — izmisīgi ilgojaties pēc ilgstošas brīvības un izrāviena?
  Šī nav tikai pārdomu grāmata. Tas ir 40 dienu globāls ceļojums cauri neredzamiem **senču derību, okultās verdzības, jūras garu, dvēseļu sadrumstalotības, mediju iefiltrēšanās un citu kauju laukiem**. Katra diena atklāj reālas liecības, globālas izpausmes un praktiski īstenojamas atbrīvošanas stratēģijas.
  Jūs atklāsiet:

- Kā garīgie vārti tiek atvērti un kā tos aizvērt
- Atkārtotas kavēšanās, moku un verdzības slēptās saknes
- Spēcīgas ikdienas lūgšanas, pārdomas un grupu pielietojumi
- Kā ieiet **valdībā**, ne tikai atbrīvošanā

  No **burvestību altāriem** Āfrikā līdz **Jaunā laikmeta maldināšanai** Ziemeļamerikā... no **slepenām biedrībām** Eiropā līdz **asins derībām** Latīņamerikā — **šī grāmata atmasko visu**.
  "**NO TUMŠAS LĪDZ VALDĪBAI**" ir jūsu ceļvedis uz brīvību, kas rakstīts **mācītājiem, vadītājiem, ģimenēm, pusaudžiem, profesionāļiem, uzņēmumu vadītājiem** un ikvienam, kurš ir noguris no karadarbības bez uzvaras.
  "Tu nevari mācīt to, ko neesi nodevis. Un tu nevari valdīt, kamēr neesi atbrīvojies no tumsas tvēriena."

Vienas rindkopas mediju reklāma (presei/e-pastam/reklāmas aprakstam)

"NO TUMSA LĪDZ VALDĪBAI: 40 dienas, lai atbrīvotos no tumsas slēptās vardarbības" ir globāla garīga grāmata, kas atklāj, kā ienaidnieks iefiltrējas dzīvēs, ģimenēs un tautās caur altāriem, asinslīnijām, slepenām biedrībām, okultiem rituāliem un ikdienas kompromisiem. Ar stāstiem no visiem kontinentiem un kaujās pārbaudītām atbrīvošanas stratēģijām šī grāmata ir paredzēta prezidentiem un mācītājiem, uzņēmumu vadītājiem un pusaudžiem, mājsaimniecēm un garīgajiem karotājiem — ikvienam, kurš izmisīgi meklē ilgstošu brīvību. Tā nav paredzēta tikai lasīšanai — tā ir paredzēta važu saraušanai.

Ieteiktās atzīmes

- atbrīvošanas dievkalpojums
- garīgā karadarbība
- bijušo okulto liecības
- lūgšana un gavēnis
- paaudžu lāstu laušana
- brīvība no tumsas
- Kristiešu garīgā autoritāte
- jūras spirti
- kundalini maldināšana
- slepenās biedrības atklātas
- 40 dienu piegāde

Kampaņu mirkļbirkas
#TumsaPēcValdības
#AtbrīvošanaDievbijīga

#SarautĶēdes
#BrīvībaCaurKristu
#GlobālāAtmoda
#AtklātāsSlēptāsKaujas
#LūgšanāsLaiBrauktuBrīvi
#GarīgāKaraGrāmata
#NoTumsasUzGaismu
#KaraliskāsValstsAutoritāte
#VairsNavVerdzības
#ExOccultLiecības
#KundaliniBrīdinājums
#JūrasDvēselesAtsegtas
#40BrīvībasDienas

Veltījums

Tam, kas mūs aicināja no tumsas Savā brīnišķīgajā gaismā – **Jēzum Kristum**, mūsu Atbrīvotājam, Gaismas Nesējam un Godības Ķēniņam.

Ikvienai dvēselei, kas klusībā raud — iesprostota neredzamās ķēdēs, vajāta sapņu, mocīta balsu un cīnoties ar tumsu vietās, kur neviens neredz, — šis ceļojums ir domāts jums.

Mācītājiem, **aizlūgējiem** un **sargiem uz mūra**,

mātēm, **kas** lūdzas visu nakti, un **tēviem**, kas atsakās padoties,

jaunam **zēnam**, kas redz pārāk daudz, un **mazai meitenei**, kuru pārāk agri iezīmē ļaunums,

uzņēmumu vadītājiem, prezidentiem **un** lēmumu **pieņēmējiem,** kas nes neredzamas nastas aiz publiskās varas,

baznīcas **darbiniekiem,** kas cīnās ar slepenu verdzību, un **garīgajiem karavīriem**, kas uzdrošinās cīnīties pretī –

šis ir jūsu aicinājums celties.

Un paldies tiem drosmīgajiem, kas dalījās savos stāstos. Jūsu rētas tagad atbrīvo citus.

Lai šī dievbijīgā runa izgaismo ceļu cauri ēnām un vada daudzus pie varas, dziedināšanas un svētās uguns.

Jūs neesat aizmirsti. Jūs neesat bezspēcīgi. Jūs esat dzimuši brīvībai.

— *Zacharias Godseagle*, *vēstnieks Monday O. Ogbe & Comfort Ladi Ogbe*

Pateicības

Pirmkārt un galvenokārt, mēs atzīstam **Visvareno Dievu — Tēvu, Dēlu un Svēto Garu** , Gaismas un Patiesības Autoru, kurš atvēra mūsu acis uz neredzamajām cīņām aiz slēgtām durvīm, plīvuriem, kancelēm un tribīnēm. Jēzum Kristum, mūsu Atbrīvotājam un Ķēniņam, mēs dodam visu slavu.

Drosmīgajiem vīriešiem un sievietēm visā pasaulē, kuri dalījās savos moku, triumfa un pārmaiņu stāstos — jūsu drosme ir aizdedzinājusi globālu brīvības vilni. Paldies, ka pārtraucāt klusumu.

Kalpotājiem un sargiem uz mūra, kas strādājuši slepenās vietās — mācot, aizlūdzot, glābjot un izšķirot —, mēs godinām jūsu neatlaidību. Jūsu paklausība turpina nojaukt cietokšņus un atmaskot viltu augstās vietās.

Mūsu ģimenēm, lūgšanu partneriem un atbalsta komandām, kas bija kopā ar mums, kamēr mēs rakņājāmies cauri garīgajiem gruvešiem, lai atklātu patiesību, — paldies par jūsu nelokāmo ticību un pacietību.

Pētniekiem, YouTube liecībām, trauksmes cēlējiem un valstības cīnītājiem, kas atmasko tumsu savās platformās, — jūsu drosme ir devusi šim darbam ieskatu, atklāsmi un steidzamību.

Kristus Miesai : šī grāmata ir arī jūsu. Lai tā jūsos modina svētu apņēmību būt modriem, izšķirīgiem un bezbailīgiem. Mēs nerakstām kā eksperti, bet gan kā liecinieki. Mēs nestāvam kā tiesneši, bet gan kā atpestītie.

Un visbeidzot, **šīs pārdomu grāmatas lasītājiem** — meklētājiem, karotājiem, mācītājiem, atbrīvošanas kalpotājiem, izdzīvojušajiem un patiesības mīlētājiem no visām tautām — lai katra lappuse dod jums spēku virzīties **no tumsa uz valdīšanu** .

— Zacharias Godseagle

— vēstnieks Monday O. Ogbe

— Comfort Ladi Ogbe

Lasītājam

Šī nav tikai grāmata. Tas ir aicinājums. Aicinājums atklāt to, kas ilgi ir bijis slēpts, — stāties pretī neredzamajiem spēkiem, kas veido paaudzes, sistēmas un dvēseles. Neatkarīgi no tā, vai esat **jauns meklētājs**, **mācītājs, ko pārņēmušas cīņas, kurām nevarat dot vārdu**, **biznesa vadītājs, kas cīnās ar nakts bailēm**, vai **valsts vadītājs, kas saskaras ar nepielūdzamu nacionālu tumsu**, šī pārdomu grāmata ir jūsu **ceļvedis ārā no ēnas**.

Indivīdam : Tu neesi traks. Tas, ko tu sajūti – savos sapņos, atmosfērā, savā asinslīnijā – , patiesi var būt garīgs. Dievs nav tikai dziedinātājs; Viņš ir atbrīvotājs.

Ģimenei : Šis 40 dienu ceļojums palīdzēs jums atpazīt modeļus, kas jau sen ir mocījuši jūsu asinslīniju — atkarības, priekšlaicīga nāve, šķiršanās, neauglība, garīgas mokas, **pēkšņa** nabadzība —, un sniegs instrumentus to pārraušanai.

vadītājiem un mācītājiem : Lai tas pamodina dziļāku izšķirtspēju un drosmi stāties pretī garīgajai valstībai no kanceles, ne tikai no tribīnes. Atbrīvošana nav izvēles iespēja. Tā ir daļa no Lielā Uzdevuma.

Uzņēmumu **vadītājiem, uzņēmējiem un profesionāļiem** : Garīgas derības darbojas arī uzņēmumu vadības zālēs. Veltiet savu biznesu Dievam. Nojauciet senču altārus, kas maskēti kā biznesa veiksme, asins līgumi vai brīvmūrnieku labvēlība. Celiet ar tīrām rokām.

Sargiem un aizlūdzējiem : Jūsu modrība nav bijusi veltīga. Šis resurss ir ierocis jūsu rokās — jūsu pilsētai, jūsu reģionam, jūsu tautai.

Prezidentiem un premjerministriem, ja tas kādreiz nonāks jūsu rakstāmgaldā: valstis nepārvalda tikai politika. Tās pārvalda altāri — slepeni vai publiski celti. Kamēr netiks risināti slēptie pamati, miers paliks nesasniedzams. Lai šī pārdomu ziņa jūs mudina uz paaudžu maiņu.

Jaunietim **vai jaunai sievietei,** kas to lasa izmisuma brīdī: Dievs tevi redz.
Viņš tevi izvēlējās. Un Viņš tevi izvelk ārā – uz visiem laikiem.
Šis ir tavs ceļojums. Viena diena vienlaikus. Viena ķēde vienlaikus.
No tumsas līdz valdīšanai — ir pienācis tavs laiks.

Kā lietot šo grāmatu

NO TUMSA LĪDZ VALDĪBAI: 40 dienas, lai atbrīvotos no tumsas slēptās vardarbības ir vairāk nekā tikai dievkalpojums — tā ir atbrīvošanās rokasgrāmata, garīga detoksikācija un karadarbības treniņnometne. Neatkarīgi no tā, vai lasāt viens pats, grupā, baznīcā vai kā vadītājs, kas vada citus, lūk, kā gūt maksimālu labumu no šī spēcīgā 40 dienu ceļojuma:

Dienas ritms

Katra diena atbilst noteiktai struktūrai, lai palīdzētu jums iesaistīt garu, dvēseli un ķermeni:

- **Galvenā lūgšanu mācība** – atklāsmes tēma, kas atklāj apslēptu tumsu.
- **Globālais konteksts** — kā šis cietoksnis izpaužas visā pasaulē.
- **Reālās dzīves stāsti** – patiesas atbrīvošanās pieredzes no dažādām kultūrām.
- **Rīcības plāns** – Personīgi garīgi vingrinājumi, atteikšanās vai deklarācijas.
- **Grupas pieteikums** — lietošanai mazās grupās, ģimenēs, baznīcās vai atbrīvošanas komandās.
- **Galvenā atziņa** – Destillēts secinājums, ko atcerēties un par ko lūgt.
- **Pārdomu žurnāls** – sirds jautājumi, lai dziļi apstrādātu katru patiesību.
- **Atbrīvošanas lūgšana** – mērķtiecīga garīgā kara lūgšana, lai sagrautu cietokšņus.

Kas jums būs nepieciešams

- Tava **Bībele**
- **dienasgrāmata vai piezīmju grāmatiņa**
- **Svaidāmā eļļa** (pēc izvēles, bet spēcīga lūgšanu laikā)
- Vēlme **gavēt un lūgties,** kā vada Gars
- **Atbildības partneris vai lūgšanu komanda** dziļāku problēmu gadījumos

Kā lietot grupās vai baznīcās

- Tiekieties **katru dienu vai katru nedēļu,** lai pārrunātu atziņas un kopīgi vadītu lūgšanas.
- Mudiniet dalībniekus aizpildīt **pārdomu dienasgrāmatu** pirms grupas nodarbībām.
- Izmantojiet sadaļu **"Grupas pieteikums"**, lai rosinātu diskusiju, atzīšanos vai kopīgus atbrīvošanas brīžus.
- Nozīmēt apmācītus vadītājus, lai tiktu galā ar intensīvākām izpausmēm.

Mācītājiem, vadītājiem un atbrīvošanas kalpiem

- Māciet ikdienas tēmas no kanceles vai atbrīvošanas apmācību skolās.
- Aprīkojiet savu komandu, lai tā varētu izmantot šo pārdomu grāmatu kā konsultāciju ceļvedi.
- Pielāgojiet sadaļas pēc nepieciešamības garīgajai kartēšanai, atmodas sanāksmēm vai lūgšanu kampaņām pilsētā.

Pielikumi izpētei

Grāmatas beigās atradīsiet iespaidīgus papildu resursus, tostarp:

1. **Dienas pilnīgas atbrīvošanas deklarācija** – Saki to skaļi katru rītu un vakaru.
2. **Ceļvedis atteikšanās no medijiem** — attīriet savu dzīvi no garīgā piesārņojuma izklaidē.
3. **Lūgšana par slēpto altāru atpazīšanu baznīcās** – aizlūgējiem un baznīcas darbiniekiem.

4. **Brīvmūrniecība, kabala, kundalini un okultā atteikšanās skripts** – spēcīgas grēku nožēlas lūgšanas.
5. **Masveida atbrīvošanas kontrolsaraksts** — izmantojiet krusta karos, mājas sadraudzībās vai personīgajās rekolekcijās.
6. **Liecību video saites**

Priekšvārds

Pār vīriešu, sieviešu, bērnu, ģimeņu, kopienu un tautu dvēselēm plosās karš — neredzams, neizteikts, bet ļoti reāls.

Šī grāmata nav dzimusi no teorijas, bet gan no uguns. No raudošām atbrīvošanas telpām. No liecībām, kas čukstētas ēnās un kliegtas no jumtiem. No dziļām studijām, globālām aizlūgšanām un svētas neapmierinātības ar virspusējo kristietību, kas nespēj tikt galā ar **tumsas saknēm,** kas joprojām apvij ticīgos.

Pārāk daudzi cilvēki ir nonākuši pie krusta, bet joprojām velk važas. Pārāk daudzi mācītāji sludina brīvību, slepeni mocīti ar iekāres, baiļu vai senču derību dēmoniem. Pārāk daudzas ģimenes ir iesprostotas ciklos — nabadzībā, perversijā, atkarībā, neauglībā, kauna — un **nezina, kāpēc**. Un pārāk daudzas baznīcas izvairās runāt par dēmoniem, burvestībām, asins altāriem vai atbrīvošanu, jo tas ir "pārāk intensīvi".

Bet Jēzus nevairījās no tumsas — Viņš **tai stājās pretī**.

Viņš neignorēja dēmonus — Viņš **tos izdzina**.

Un Viņš nenomira tikai tāpēc, lai tev piedotu — Viņš nomira, lai **tevi atbrīvotu**.

Šī 40 dienu globālā pārdomu stunda nav neformāla Bībeles studija. Tā ir **garīga operāciju zāle**. Brīvības dienasgrāmata. Elles karte tiem, kas jūtas iesprostoti starp pestīšanu un patiesu brīvību. Neatkarīgi no tā, vai esat pusaudzis, kuru saista pornogrāfija, pirmā lēdija, kuru vajā sapņi par čūskām, premjerministrs, kuru moka senču vainas apziņa, pravietis, kas slēpj slepenu verdzību, vai bērns, kas mostas no dēmoniskiem sapņiem, — šis ceļojums ir domāts jums.

Jūs atradīsiet stāstus no visas pasaules — Āfrikas, Āzijas, Eiropas, Ziemeļamerikas un Dienvidamerikas —, kas visi apstiprina vienu patiesību:

velns neuzlūko cilvēka vaigu . Bet arī Dievs to nedara. Un to, ko Viņš ir darījis citu labā, Viņš var darīt jūsu labā.

Šī grāmata ir rakstīta priekš:

- **Personas,** kas meklē personīgu atbrīvošanu
- **Ģimenēm** nepieciešama paaudžu dziedināšana
- **Mācītājiem** un baznīcas darbiniekiem nepieciešams aprīkojums
- **Uzņēmumu vadītāji,** kas vada garīgo cīņu augstos amatos
- **Nācijas** sauc pēc patiesas atdzimšanas
- **Jaunieši** , kas neapzināti atvēruši durvis
- **Atbrīvošanas kalpotāji** , kuriem nepieciešama struktūra un stratēģija
- Un pat **tie, kas netic dēmoniem** — līdz brīdim, kad izlasa savu stāstu šajās lappusēs

Tev tiks piemēroti dažādi uzdevumi. Tev tiks izvirzītas grūtības. Bet, ja paliksi uz ceļa, tu arī tiksi **pārveidots** .

Tu ne tikai atbrīvosies.

Tu staigāsi **valdībā** .

Sāksim.

— *Zahariass Godsīgls , vēstnieks Mandejs O. Ogbe un Komforts Ladi Ogbe*

Priekšvārds

Nācijās valda satraukums. Gara valstībā notiek drebēšana. No kancelēm līdz parlamentiem, no viesistabām līdz pagrīdes baznīcām, cilvēki visur atmostas un apzinās šausminošu patiesību: mēs esam nenovērtējuši ienaidnieka ietekmi un esam pārpratuši autoritāti, ko nesam Kristū.

"No tumsas līdz valdīšanai" nav tikai dievkalpojums; tas ir skaidra aicinājuma vēstījums. Pravietiska rokasgrāmata. Glābšanas riņķis mocītajiem, sasaistītajiem un patiesajiem ticīgajiem, kas prāto: "Kāpēc es joprojām esmu važās?"

Kā cilvēks, kurš ir bijis liecinieks atmodai un atbrīvošanai dažādās tautās, es no pirmās pieredzes zinu, ka Baznīcai netrūkst zināšanu — mums trūkst garīgas **apziņas**, **drosmes** un **disciplīnas**. Šis darbs pārvar šo plaisu. Tas savij kopā globālas liecības, skarbu patiesību, praktisku rīcību un krusta spēku 40 dienu ceļojumā, kas nokratīs putekļus no snaudošajām dzīvēm un iedegs uguni nogurušajos.

Mācītājam, kurš uzdrošinās stāties pretī altāriem, jaunam pieaugušajam, kurš klusībā cīnās ar dēmoniskiem sapņiem, uzņēmuma īpašniekam, kurš sapinies neredzamās derībās, un vadītājam, kurš zina, ka kaut kas *garīgi nav kārtībā,* bet nevar to nosaukt — šī grāmata ir domāta jums.

Es aicinu jūs to nelasīt pasīvi. Lai katra lappuse rosina jūsu garu. Lai katrs stāsts rada cīņu. Lai katrs paziņojums trenē jūsu muti runāt ar uguni. Un, kad esat izgājuši cauri šīm 40 dienām, nesviniet tikai savu brīvību – kļūstiet par trauku citu cilvēku brīvībai.

Jo patiesa valdīšana nav tikai bēgšana no tumsas...

Tā ir apgriešanās un citu ievilkšana gaismā.

Kristus varā un spēkā,
Vēstnieks Ogbe

Ievads

NO TUMSA LĪDZ VALDĪBAI: 40 dienas, lai atbrīvotos no tumsas slēptās vardarbības nav tikai kārtējā pārdomu stunda — tas ir globāls modināšanas zvans.

Visā pasaulē — no lauku ciematiem līdz prezidenta pilīm, no baznīcu altāriem līdz sanāksmju zālēm — vīrieši un sievietes sauc pēc brīvības. Ne tikai pestīšanas. **Atbrīvošanas. Skaidrības. Izrāviena. Pilnvērtīguma. Miera. Spēka.**

Bet patiesība ir šāda: tu nevari atmest to, ko tu panes. Tu nevari atbrīvoties no tā, ko neredzi. Šī grāmata ir tava gaisma šajā tumsā.

40 dienas jūs iesiet cauri mācībām, stāstiem, liecībām un stratēģiskām darbībām, kas atmasko tumsas slēptās darbības un dod jums spēku pārvarēt tās — garam, dvēselei un ķermenim.

Neatkarīgi no tā, vai esi mācītājs, izpilddirektors, misionārs, aizlūgējs, pusaudzis, māte vai valsts vadītājs, šīs grāmatas saturs tevi uzrunās. Ne jau lai tevi apkaunotu, bet gan lai tevi atbrīvotu un sagatavotu vest citus uz brīvību.

Šī ir **globāla apziņas, atbrīvošanas un spēka dievkalpojums** — balstīts uz Svētajiem Rakstiem, asināts ar reālās dzīves stāstiem un piesūcināts ar Jēzus asinīm.

Kā lietot šo pārdomu

1. **Sāciet ar 5 pamata nodaļām**
   . Šīs nodaļas liek pamatus. Neizlaidiet tās. Tās palīdzēs jums izprast tumsas garīgo arhitektūru un pilnvaras, kas jums ir dotas, lai paceltos pāri tai.
2. **Apzināti izej cauri katrai dienai**
   Katrā dienas ierakstā ir iekļauta galvenā tēma, globālas izpausmes, patiess stāsts, Svētie Raksti, rīcības plāns, grupas pielietošanas idejas, galvenā atziņa, dienasgrāmatas ieteikumi un spēcīga lūgšana.

3. **Noslēdziet katru dienu Ar ikdienas 360° deklarāciju,**
   kas atrodama šīs grāmatas beigās, šī spēcīgā deklarācija ir paredzēta, lai stiprinātu jūsu brīvību un aizsargātu jūsu garīgos vārtus.
4. **Izmantojiet to vienatnē vai grupās**
   Neatkarīgi no tā, vai jūs to pārdzīvojat individuāli vai grupā, mājas sadraudzībā, aizlūgšanas komandā vai atbrīvošanas kalpošanā — ļaujiet Svētajam Garam vadīt tempu un personalizēt kaujas plānu.
5. **Gaidi pretestību — un**
   nāks izrāviena pretestība. Bet tāpat nāks arī brīvība. Atbrīvošana ir process, un Jēzus ir apņēmies to iet kopā ar tevi.

PAMATOJOŠĀS NODAĻAS (Izlasiet pirms 1. dienas)

1. Tumšās valstības pirmsākumi

No Lucifera sacelšanās līdz dēmonisku hierarhiju un teritoriālo garu parādīšanās šajā nodaļā tiek izsekota tumsas Bībeles un garīgā vēsture. Izpratne par tās sākumu palīdz atpazīt, kā tā darbojas.

2. Kā mūsdienās darbojas Tumšā valstība

No derībām un asins upuriem līdz altāriem, jūras gariem un tehnoloģiju iefiltrācijai, šī nodaļa atklāj seno garu mūsdienu sejas, tostarp to, kā mediji, tendences un pat reliģija var kalpot kā maskēšanās.

3. Ieejas punkti: kā cilvēki kļūst atkarīgi

Neviens nepiedzimst nebrīvē nejauši. Šajā nodaļā tiek aplūkotas tādas ieejas kā traumas, senču altāri, burvestību atmaskošana, dvēseles saites, okulta ziņkāre, brīvmūrniecība, viltus garīgums un kultūras prakses.

4. Izpausmes: no apsēstības līdz apsēstībai

Kā izskatās verdzība? No murgiem līdz laulības aizkavēšanai, neauglībai, atkarībām, dusmām un pat "svētajiem smiekliem" — šī nodaļa atklāj, kā dēmoni maskējas kā problēmas, dāvanas vai personības.

5. Vārda spēks: ticīgo autoritāte

Pirms mēs sākam 40 dienu cīņu, jums ir jāsaprot jūsu likumīgās tiesības Kristū. Šī nodaļa jūs apbruņo ar garīgiem likumiem, kara ieročiem, Svēto Rakstu protokoliem un atbrīvošanas valodu.

PĒDĒJAIS UZMUDINOJUMS PIRMS SĀKŠANAS

Dievs neaicina tevi *pārvaldīt* tumsu.

Viņš aicina tevi to **dominēt**.

Ne ar spēku, ne ar varu, bet ar Viņa Garu.

Lai šīs nākamās 40 dienas ir kas vairāk nekā tikai dievkalpojums.

Lai tās ir katra altāra bēres, kas jūs kādreiz kontrolēja... un kronēšana liktenī, ko Dievs jums ir noteicis.

Tavs valdīšanas ceļojums sākas tagad.

1. NODAĻA: TUMŠĀS VALSTĪBAS IZCELSMES

"**J**o ne pret miesu un asinīm mums jācīnās, bet pret valdībām, pret varām, pret šīs tumsības pasaules valdniekiem, pret ļaunajiem gariem debesīs." - Efeziešiem 6:12

Ilgi pirms cilvēce ienāca laika ainā, debesīs izcēlās neredzams karš. Tas nebija zobenu vai ieroču karš, bet gan sacelšanās — nodevība pret Visaugstākā Dieva svētumu un autoritāti. Bībele atklāj šo noslēpumu caur dažādām vietām, kas norāda uz viena no Dieva skaistākajiem eņģeļiem — **Lucifera**, mirdzošā — krišanu, kurš uzdrošinājās paaugstināt sevi virs Dieva troņa (Jesajas 14:12–15, Ecēhiēla 28:12–17).

Šī kosmiskā sacelšanās radīja **Tumšo Valstību** — garīgas pretestības un maldināšanas valstību, ko veido kritušie eņģeļi (tagad dēmoni), valdības un spēki, kas ir nostājušies pret Dieva gribu un Dieva tautu.

Krišana un tumsas veidošanās

LUCIFERS NE VIENMĒR bija ļauns. Viņš tika radīts pilnīgs gudrībā un skaistumā. Bet lepnums ienāca viņa sirdī, un lepnums kļuva par sacelšanos. Viņš piemānīja trešdaļu debesu eņģeļu, lai tie sekotu viņam (Atklāsmes 12:4), un tie tika izmesti no debesīm. Viņu naids pret cilvēci sakņojas greizsirdībā — jo cilvēce tika radīta pēc Dieva tēla un tai tika dota vara.

Tā sākās karš starp **Gaismas Valstību** un **Tumsas Valstību** — neredzams konflikts, kas skar katru dvēseli, katras mājas un katru tautu.

Tumšās Karalistes globālā izpausme

LAI GAN NEREDZAMA, šīs tumšās valstības ietekme ir dziļi iesakņojusies:

- **Kultūras tradīcijas** (senču pielūgsme, asins upuri, slepenas biedrības)

- **Izklaide** (zemapziņas ziņapmaiņa, okulta mūzika un šovi)
- **Pārvaldība** (korupcija, asins līgumi, zvēresti)
- **Tehnoloģijas** (atkarības, kontroles, prāta manipulācijas rīki)
- **Izglītība** (humānisms, relatīvisms, viltus apgaismība)

No Āfrikas juju līdz Rietumu jaunā laikmeta misticismam, no Tuvo Austrumu džinu pielūgšanas līdz Dienvidamerikas šamanismam, formas atšķiras, bet **gars ir viens un tas pats** — maldināšana, dominēšana un iznīcība.

Kāpēc šī grāmata ir svarīga tagad

SĀTANA LIELĀKAIS TRIKS ir likt cilvēkiem ticēt, ka viņa nemaz nav, vai vēl ļaunāk, ka viņa ceļi ir nekaitīgi.

Šī pārdomu grāmata ir **garīgās inteliģences rokasgrāmata** — tā atklāj plīvuru, atklāj viņa shēmas un dod spēku ticīgajiem visos kontinentos:

- **Atpazīt** ieejas punktus
- **Atteikties no** slēptām derībām
- **Pretošanās** ar autoritāti
- **Atgūt** nozagto

Tu esi dzimis cīņā

ŠĪ NAV LŪGŠANA BAILĪGAJIEM. Jūs esat dzimuši kaujas laukā, nevis rotaļu laukumā. Bet labā ziņa ir tā, ka **Jēzus jau ir uzvarējis karā!**

"Viņš atbruņoja valdniekus un varas iestādes, lika tām atklāti kaunēties, triumfējot pār tām Viņā." — Kolosiešiem 2:15

Tu neesi upuris. Tu esi vairāk nekā tikai uzvarētājs caur Kristu. Atmaskosim tumsu un drosmīgi iesim gaismā.

Galvenā atziņa

Tumsas izcelsme ir lepnums, sacelšanās un Dieva varas noraidīšana. Šīs pašas sēklas joprojām darbojas cilvēku un sistēmu sirdīs arī mūsdienās. Lai izprastu garīgo karu, mums vispirms ir jāsaprot, kā sākās sacelšanās.

Pārdomu žurnāls

- Vai esmu noraidījis garīgo cīņu kā māņticību?

- Kādas kultūras vai ģimenes tradīcijas esmu normalizējis, kas varētu būt saistītas ar seno sacelšanos?
- Vai es patiesi saprotu karu, kurā esmu dzimis?

Apgaismības lūgšana
Debesu Tēvs, atklāj man apslēptās sacelšanās saknes manī un manī. Atmasko tumsas melus, kurus, iespējams, esmu neapzināti pieņēmis. Ļauj Tavai patiesībai spīdēt katrā ēnainajā vietā. Es izvēlos Gaismas Valstību. Es izvēlos staigāt patiesībā, spēkā un brīvībā. Jēzus vārdā. Āmen.

2. NODAĻA: KĀ ŠODIEN DARBOJAS TUMŠĀ VALSTĪBA

"*Lai Sātans mūs neizmantotu, jo mēs zinām viņa viltības.*" — 2. korintiešiem 2:11

Tumsības valstība nedarbojas haotiski. Tā ir labi organizēta, dziļi slāņota garīga infrastruktūra, kas atspoguļo militāro stratēģiju. Tās mērķis: iefiltrēties, manipulēt, kontrolēt un galu galā iznīcināt. Tāpat kā Dieva Valstībai ir rangs un kārtība (apustuļi, pravieši utt.), tāpat ir arī tumsības valstībai — ar valdībām, varām, tumsas valdniekiem un garīgu ļaunumu debesīs (Efeziešiem 6:12).

Tumšā valstība nav mīts. Tā nav folklora vai reliģiska māņticība. Tas ir neredzams, bet reāls garīgo aģentu tīkls, kas manipulē ar sistēmām, cilvēkiem un pat baznīcām, lai īstenotu Sātana plānus. Lai gan daudzi iztēlojas dakšas un sarkanus ragus, šīs valstības patiesā darbība ir daudz smalkāka, sistemātiskāka un draudīgāka.

1. Maldināšana ir viņu valūta

Ienaidnieks tirgojas ar meliem. Sākot ar Ēdenes dārzu (1. Mozus 3. nodaļa) un beidzot ar mūsdienu filozofijām, Sātana taktika vienmēr ir bijusi vērsta uz šaubu sēšanu Dieva Vārdā. Mūsdienās maldināšana izpaužas šādi:

- *Jaunā laikmeta mācības, kas maskētas kā apgaismība*
- *Okultas prakses, kas maskētas kā kultūras lepnums*
- *Raganība glamorizēta mūzikā, filmās, multfilmās un sociālo mediju tendencēs*

Cilvēki neapzināti piedalās rituālos vai patērē medijus, kas atver garīgas durvis bez izšķirtspējas.

2. Ļaunuma hierarhiskā struktūra

Tāpat kā Dieva Valstībā valda kārtība, tumšā valstība darbojas saskaņā ar noteiktu hierarhiju:

- **Firstistes** – teritoriālie gari, kas ietekmē valstis un valdības
- **Spēki** – aģenti, kas uzspiež ļaunumu, izmantojot dēmoniskas sistēmas
- **Tumsas valdnieki** – garīgā akluma, elkdievības un viltus reliģijas koordinatori
- **Garīgā ļaunprātība augstdzimušās vietās** — elites līmeņa vienības, kas ietekmē globālo kultūru, bagātību un tehnoloģijas

Katrs dēmons specializējas noteiktos uzdevumos — bailēs, atkarībā, seksuālā perversijā, apjukumā, lepnumā, šķelšanā.

3. Kultūras kontroles rīki

Velnam vairs nav jāparādās fiziski. Tagad smago darbu veic kultūra. Viņa stratēģijas mūsdienās ietver:

- **Subliminālie ziņojumi:** mūzika, šovi, reklāmas, kas pilnas ar slēptiem simboliem un apgrieztiem ziņojumiem
- **Desensibilizācija:** atkārtota saskarsme ar grēku (vardarbību, kailumu, lamuvārdiem), līdz tas kļūst par "normālu".
- **Prāta kontroles metodes:** izmantojot mediju hipnozi, emocionālu manipulāciju un atkarību izraisošus algoritmus

Tas nav nejauši. Tās ir stratēģijas, kuru mērķis ir vājināt morālos uzskatus, iznīcināt ģimenes un no jauna definēt patiesību.

4. Paaudžu vienošanās un asinslīnijas

Caur sapņiem, rituāliem, veltījumiem vai senču paktiem daudzi cilvēki neapzināti ir saistīti ar tumsu. Sātans izmanto:

- Ģimenes altāri un senču elki
- Garu izsaukšanas ceremonijas
- Slepeni ģimenes grēki vai lāsti, kas nodoti no paaudzes paaudzē

Tie paver juridisku pamatu ciešanām, līdz derība tiek lauzta ar Jēzus asinīm.

5. Viltus brīnumi, viltus pravieši

Tumšā valstība mīl reliģiju — īpaši, ja tai trūkst patiesības un spēka. Viltus pravieši, pavedinoši gari un viltoti brīnumi maldina masas:

"Jo pats Sātans izliekas par gaismas eņģeli." — 2. korintiešiem 11:14

Mūsdienās daudzi seko balsīm, kas kutina viņu ausis, bet saista viņu dvēseles.

Galvenā atziņa

Velns ne vienmēr ir skaļš — dažreiz viņš čukst, meklējot kompromisu. Tumšās Karalistes lielākā taktika ir pārliecināt cilvēkus, ka viņi ir brīvi, vienlaikus smalki paverdzinot viņus.

Pārdomu žurnāls:

- Kur jūs esat redzējuši šādas darbības savā kopienā vai valstī?
- Vai ir kādi šovi, mūzika, lietotnes vai rituāli, ko esat normalizējis un kas patiesībā varētu būt manipulācijas rīki?

Apziņas un grēku nožēlas lūgšana:

Kungs Jēzu, atver manas acis, lai es varētu saskatīt ienaidnieka darbības. Atmasko visus melus, kuriem esmu ticējis. Piedod man par katrām durvīm, ko esmu atvēris, apzināti vai neapzināti. Es laužu līgumu ar tumsu un izvēlos Tavu patiesību, Tavu spēku un Tavu brīvību. Jēzus vārdā. Āmen.

3. NODAĻA: IEEJAS PUNKTI – KĀ CILVĒKI KĻŪST ATKARĪGI

"**N**edodiet velnam vietu.*" — Efeziešiem 4:27*
Katrā kultūrā, paaudzē un mājās ir slēptas atveres — vārti, caur kuriem iekļūst garīgā tumsa. Sākumā šīs ieejas var šķist nekaitīgas: bērnības spēle, ģimenes rituāls, grāmata, filma, neatrisināta trauma. Taču, tiklīdz tās tiek atvērtas, tās kļūst par likumīgu pamatu dēmoniskai ietekmei.

Bieži sastopamie ieejas punkti

1. **Asinslīnijas derības** – senču zvēresti, rituāli un elkdievība, kas nodod piekļuvi ļaunajiem gariem.
2. **Agrīna saskarsme ar okultismu** — tāpat kā stāstā par *Lurdi Valdiviju* no Bolīvijas, bērni, kas pakļauti burvestībām, spiritualismam vai okultiem rituāliem, bieži vien kļūst garīgi apdraudēti.
3. **Mediji un mūzika** — dziesmas un filmas, kas slavina tumsu, juteklību vai dumpi, var nemanāmi aicināt uz garīgu ietekmi.
4. **Traumas un vardarbība** – seksuāla vardarbība, vardarbīga trauma vai noraidījums var atvērt dvēseli nomācošiem gariem.
5. **Seksuāls grēks un dvēseliskas saites** – nelikumīgas seksuālas savienības bieži rada garīgas saites un garu pārnesi.
6. **Jaunais laikmets un viltus reliģija** – kristāli, joga, garīgie ceļveži, horoskopi un "baltā burvestība" ir slēpti ielūgumi.
7. **Rūgtums un nepiedošana** – tie dod dēmoniskiem gariem likumīgas tiesības uz mokām (skat. Mateja 18:34).

Globālās liecības spilgtākais notikums: *Lurdesa Valdivija (Bolīvija)*
Jau septiņu gadu vecumā Lurdas māte, kura bija ilggadēja okultiste, iepazīstināja viņu ar burvestībām. Viņas māja bija pilna ar simboliem, kauliem

no kapsētām un burvju grāmatām. Pirms beidzot atrada Jēzu un tika atbrīvota, viņa piedzīvoja astrālo projekciju, balsis un mokas. Viņas stāsts ir viens no daudzajiem, kas pierāda, kā agrīna saskarsme ar burvestībām un paaudžu ietekme paver durvis uz garīgu verdzību.

Lielāku varoņdarbu atsauce:

Stāstus par to, kā cilvēki neapzināti atvēra durvis ar "nekaitīgām" darbībām, lai tikai nonāktu tumsas slazdā, var atrast grāmatās *"Lielāki varoņdarbi" 14* un "Atbrīvots no *tumsas varas"* (skatīt pielikumu) .

Galvenā atziņa

Ienaidnieks reti kad ielaužas. Viņš gaida, kad durvis tiks atvērtas. Tas, kas šķiet nevainīgs, mantots vai izklaidējošs, dažreiz var būt tieši tie vārti, kas ienaidniekam ir nepieciešami.

Pārdomu žurnāls

- Kādi brīži manā dzīvē varēja kalpot kā garīgi ieejas punkti?
- Vai ir kādas "nekaitīgas" tradīcijas vai priekšmeti, no kuriem man jāatbrīvojas?
- Vai man ir jāatsakās no kaut kā no savas pagātnes vai ģimenes līnijas?

Atteikšanās lūgšana

Tēvs, es aizveru visas durvis, ko es vai mani senči, iespējams, esam atvēruši tumsai. Es atsakos no visām vienošanām, dvēseles saitēm un saskarsmes ar jebko nesvētu. Es sarauju visas ķēdes ar Jēzus asinīm. Es pasludinu, ka mana miesa, dvēsele un gars pieder tikai Kristum. Jēzus vārdā. Āmen.

4. NODAĻA: IZPAUSMES – NO PIESTĀVĒŠANAS LĪDZ APSĒSTĪBAI

"**K**ad nešķīsts gars iziet no cilvēka, tas klejo pa neauglīgām vietām, meklējot mieru un to neatrod. Tad tas saka: Es atgriezīšos savā namā, no kura aizgāju." — Mateja 12:43

Kad cilvēks nonāk tumšās valstības ietekmē, izpausmes atšķiras atkarībā no piešķirtās dēmoniskās piekļuves līmeņa. Garīgais ienaidnieks nesamierinās ar apmeklējumu — viņa galvenais mērķis ir mājvieta un dominēšana.

Manifestācijas līmeņi

1. **Ietekme** – Ienaidnieks iegūst ietekmi caur domām, emocijām un lēmumiem.
2. **Apspiešana** – pastāv ārējs spiediens, smagums, apjukums un mokas.
3. **Apsēstība** – cilvēks fiksējas uz tumšām domām vai kompulsīvu uzvedību.
4. **Apsēstība** — Retos, bet reālos gadījumos dēmoni ieņem mājvietu un ignorē cilvēka gribu, balsi vai ķermeni.

Izpausmes pakāpe bieži ir saistīta ar garīgā kompromisa dziļumu.

Globāli manifestācijas gadījumu pētījumi

- **Āfrika:** Gara vīra/sievas gadījumi, neprāts, rituāla verdzība.
- **Eiropa:** Jaunā laikmeta hipnoze, astrālā projekcija un prāta fragmentācija.
- **Āzija:** senču dvēseles saites, reinkarnācijas slazdi un asinslīnijas zvēresti.
- **Dienvidamerika:** šamanisms, garu ceļveži, ekstrasensu lasīšanas atkarība.

- **Ziemeļamerika:** burvestības plašsaziņas līdzekļos, "nekaitīgi" horoskopi, vielu piekļuve.
- **Tuvie Austrumi:** tikšanās ar džinniem, asins zvēresti un pravietiski viltojumi.

Katrs kontinents piedāvā savu unikālo vienas un tās pašas dēmoniskās sistēmas maskējumu, un ticīgajiem ir jāiemācās atpazīt šīs zīmes.

Bieži sastopamas dēmoniskas aktivitātes pazīmes

- Atkārtoti murgi vai miega paralīze
- Balsis vai garīgas mokas
- Kompulsīvs grēks un atkārtota atkāpšanās
- Neizskaidrojamas slimības, bailes vai dusmas
- Pārdabisks spēks vai zināšanas
- Pēkšņa nepatika pret garīgām lietām

Galvenā atziņa

Tas, ko mēs saucam par "mentālām", "emocionālām" vai "medicīniskām" problēmām, dažkārt var būt garīgas. Ne vienmēr, bet pietiekami bieži, lai spriestspēja būtu izšķiroša.

Pārdomu žurnāls

- Vai esmu pamanījis atkārtotas cīņas, kas pēc savas būtības šķiet garīgas?
- Vai manā ģimenē pastāv paaudžu paaudžu destrukcijas modeļi?
- Kādus medijus, mūziku vai attiecības es ielaižu savā dzīvē?

Atteikšanās lūgšana

Kungs Jēzu, es atsakos no katras slēptas vienošanās, atvērtām durvīm un bezdievīgas derības savā dzīvē. Es sarauju saites ar visu, kas nav no Tevis – apzināti vai neapzināti. Es aicinu Svētā Gara uguni aprīt katru tumsas pēdu manā dzīvē. Pilnībā atbrīvo mani. Tavā varenajā vārdā. Āmen.

5. NODAĻA: VĀRDA SPĒKS – TICĪGO AUTORITĀTE

"*Redzi, Es jums dodu varu staigāt pāri čūskām un skorpioniem un visam ienaidnieka spēkam, un nekas jums nekaitēs.*" — Lūkas 10:19

Daudzi ticīgie dzīvo bailēs no tumsas, jo nesaprot gaismu, ko nes sevī. Tomēr Raksti atklāj, ka **Dieva Vārds nav tikai zobens (Efeziešiem 6:17)** — tas ir uguns (Jeremijas 23:29), āmurs, sēkla un pati dzīvība. Cīņā starp gaismu un tumsu tie, kas zina un pasludina Vārdu, nekad nav upuri.

Kas ir šī vara?

Ticīgajiem piemīt **deleģētā vara**. Līdzīgi kā policists ar nozīmīti, mēs nestāvam savā spēkā, bet gan **Jēzus vārdā** un caur Dieva Vārdu. Kad Jēzus tuksnesī uzvarēja Sātanu, Viņš nekliedza, nekliedza un nekrita panikā — Viņš vienkārši teica: *"Stāv rakstīts."*

Šis ir visu garīgo cīņu modelis.

Kāpēc daudzi kristieši joprojām cieš sakāvi

1. **Nezināšana** – Viņi nezina, ko Vārds saka par viņu identitāti.
2. **Klusums** – Viņi nesludina Dieva Vārdu par situācijām.
3. **Nekonsekvence** – viņi dzīvo grēka ciklos, kas grauj pārliecību un piekļuvi.

Uzvara nav saistīta ar skaļāku kliegšanu; tā ir saistīta ar **dziļāku ticēšanu un drosmīgu paziņošanu**.

Autoritāte darbībā – globāli stāsti

- **Nigērija:** Mazs zēns, kas bija iesprostots kultā, tika izglābts, kad viņa māte pastāvīgi iesvaidīja viņa istabu ar eļļu un katru vakaru lasīja 91. psalmu.

- **Amerikas Savienotās Valstis:** Bijusī vikāniete atteicās no burvestībām pēc tam, kad koleģe mēnešiem ilgi katru dienu klusi sludināja Svētos Rakstus virs viņas darba vietas.
- **Indija:** Ticīgais, pastāvīgi saskaroties ar melnās maģijas uzbrukumiem, sludināja Jesajas grāmatas 54:17 pantu — uzbrukumi apstājās, un uzbrucējs atzinās.
- **Brazīlija:** Sieviete, pārvarot domas par pašnāvību, ikdienas vēstuļu romiešiem 8. nodaļas vārdus izmantoja un sāka dzīvot pārdabiskā mierā.

Vārds ir dzīvs. Tam nav nepieciešama mūsu pilnība, tikai mūsu ticība un grēksūdze.

Kā rīkoties ar vārdu karadarbībā

1. **Iegaumējiet Svēto Rakstu pantus**, kas saistīti ar identitāti, uzvaru un aizsardzību.
2. **Runājiet Vārdu skaļi**, īpaši garīgu uzbrukumu laikā.
3. **Izmantojiet to lūgšanā**, pasludinot Dieva apsolījumus dažādās situācijās.
4. **Gavēnis + Lūdz Dievu** ar Vārdu kā savu enkuru (Mateja 17:21).

Karadarbības pamatraksti

- *2. korintiešiem 10:3–5* — Cietokšņu nojaukšana
- *Jesajas 54:17* – Neviens ierocis, kas izgatavots, neizdosies
- *Lūkas 10:19* – Vara pār ienaidnieku
- *91. psalms* – Dievišķā aizsardzība
- *Atklāsmes 12:11* – Uzvarēts ar asinīm un liecību

Galvenā atziņa

Dieva Vārds tavā mutē ir tikpat spēcīgs kā Vārds Dieva mutē – kad tas tiek runāts ticībā.

Pārdomu žurnāls

- Vai es zinu savas garīgās tiesības kā ticīgais?

- Uz kādiem Svēto Rakstu pantiem es šodien aktīvi stāvu?
- Vai esmu ļāvis bailēm vai nezināšanai apklusināt manu autoritāti?

Pilnvaru lūgšana

Tēvs, atver manas acis uz varu, kas man ir Kristū. Māci man drosmi un ticību lietot Tavu Vārdu. Tur, kur esmu ļāvis valdīt bailēm vai neziņai, lai nāk atklāsme. Šodien es stāvu kā Dieva bērns, bruņojies ar Gara zobenu. Es runāšu Vārdu. Es stāvēšu uzvarā. Es nebaidīšos no ienaidnieka, jo lielāks ir Tas, kas ir manī. Jēzus vārdā. Āmen.

1. DIENA: ASINS LĪNIJAS UN VĀRTI — ĢIMENES ĶĒDŽU PĀRTRAUKŠANA

"*Mūsu tēvi ir grēkojuši un viņu vairs nav, un mēs nesam viņu sodu.*" — Raudu dziesmas 5:7

Tu varbūt esi izglābts, bet tavai asinslīnijai joprojām ir vēsture — un, kamēr vecās derības netiek lauztas, tās turpina runāt.

Katrā kontinentā ir slēpti altāri, senču pakti, slepeni solījumi un mantotas netaisnības, kas paliek spēkā, līdz tās tiek īpaši risinātas. Tas, kas sākās ar vecvecākiem, joprojām var ietekmēt mūsdienu bērnu likteņus.

Globālās izteiksmes

- **Āfrika** – ģimenes dievi, orākuli, paaudžu burvestības, asins upuri.
- **Āzija** – senču pielūgšana, reinkarnācijas saites, karmas ķēdes.
- **Latīņamerika** – santerija, nāves altāri, šamanistiski asins zvēresti.
- **Eiropa** – brīvmūrniecība, pagānu saknes, asinslīnijas līgumi.
- **Ziemeļamerika** – Jaunā laikmeta mantojumi, masonu dzimta, okulti objekti.

Lāsts turpinās, līdz kāds pieceļas un saka: "Vairs ne!"

Dziļāka liecība – dziedināšana no saknēm

Sieviete no Rietumāfrikas, izlasījusi grāmatu *"Lielākie varoņdarbi" (Greater Exploits) 14. nodaļu*, saprata, ka viņas hroniskie spontānie aborti un neizskaidrojamās mokas ir saistītas ar viņas vectēva amatu kā svētnīcas priesteri. Viņa jau pirms daudziem gadiem bija pieņēmusi Kristu, bet nekad nebija tikusies ar ģimenes derībām.

Pēc trīs dienu lūgšanām un gavēņa viņa tika mudināta iznīcināt noteiktas mantojuma lietas un atteikties no derībām, izmantojot Vēstuli galatiešiem 3:13.

Tajā pašā mēnesī viņa ieņēma un iznēsāja bērnu pilnā termiņā. Šodien viņa vada citus dziedināšanas un atbrīvošanas kalpošanā.

Kāds cits vīrietis Latīņamerikā no grāmatas " *Atbrīvots no tumsas varas" (Delvered from the Power of Darkness)* atrada brīvību pēc tam, kad bija atteicies no brīvmūrnieku lāsta, ko slepeni bija mantojis viņa vecvectēvs. Kad viņš sāka pielietot tādus rakstu pantus kā Jesajas grāmatas 49:24–26 un iesaistīties atbrīvošanas lūgšanās, viņa garīgās mokas beidzās un mājās atjaunojās miers.

Šie stāsti nav sakritības — tie ir liecības par patiesību darbībā.

Rīcības plāns – ģimenes inventarizācija

1. Pierakstiet visus zināmos ģimenes uzskatus, paražas un piederību — reliģiskās, mistiskās vai slepenās biedrības.
2. Lūdziet Dievam atklāsmi par slēptiem altāriem un līgumiem.
3. Lūgšanas pilni iznīcini un atbrīvojies no jebkura priekšmeta, kas saistīts ar elkdievību vai okultām praksēm.
4. Gavējiet, kā vadīts, un izmantojiet tālāk norādītos Svēto Rakstu pantus, lai pārvarētu juridisku pamatu:
   ◦ *3. Mozus 26:40–42*
   ◦ *Jesajas 49:24–26*
   ◦ *Galatiešiem 3:13*

GRUPAS DISKUSIJA UN pieteikšanās

- Kādas izplatītas ģimenes paražas bieži tiek ignorētas, uzskatot tās par nekaitīgām, taču tās var būt garīgi bīstamas?
- Lieciet dalībniekiem anonīmi (ja nepieciešams) dalīties ar jebkādiem sapņiem, objektiem vai atkārtotiem cikliem savā asinslīnijā.
- Grupas atteikšanās lūgšana — katrs cilvēks var nosaukt ģimenes vai jautājuma vārdu, no kura viņš atsakās.

Kalpošanas rīki: Atnesiet svaidāmo eļļu. Piedāvājiet svēto vakarēdienu. Vadiet grupu derības lūgšanā par aizstāšanu — veltot katru ģimenes līniju Kristum.

Galvenā atziņa
Piedzimšana no jauna glābj tavu garu. Ģimenes derību laušana saglabā tavu likteni.

Pārdomu žurnāls

- Kas ir manā ģimenē? Kam ar mani ir jābeidzas?
- Vai manās mājās ir priekšmeti, nosaukumi vai tradīcijas, no kurām vajadzētu atbrīvoties?
- Kādas durvis mani senči atvēra, kuras man tagad jāaizver?

Atbrīvošanas lūgšana
Kungs Jēzu, es pateicos Tev par Tavām asinīm, kas runā labākas lietas. Šodien es atsakos no katra slēptā altāra, ģimenes derības un mantotas verdzības. Es sarauju savas asinslīnijas važas un pasludinu, ka esmu jauns radījums. Mana dzīve, ģimene un liktenis tagad pieder tikai Tev. Jēzus vārdā. Āmen.

2. DIENA: SAPŅU IEBRUKUMI — KAD NAKTS KĻŪST PAR KAUGAS LAUKU

"*Kamēr ļaudis gulēja, atnāca viņa ienaidnieks, iesēja nezāles kviešu starpā un aizgāja.*" — Mateja 13:25

Daudziem vislielākā garīgā cīņa nenotiek nomodā — tā notiek miega laikā. Sapņi nav tikai nejauša smadzeņu darbība. Tie ir garīgi portāli, caur kuriem tiek apmainīti brīdinājumi, uzbrukumi, derības un likteņi. Ienaidnieks izmanto miegu kā klusu kaujas lauku, lai sētu bailes, iekāri, apjukumu un kavēšanos — un tas viss notiek bez pretestības, jo lielākā daļa cilvēku neapzinās šo karadarbību.

Globālās izteiksmes

- **Āfrika** – garīgie dzīvesbiedri, čūskas, ēšana sapņos, masku balles.
- **Āzija** – senču tikšanās, nāves sapņi, karmiskās mokas.
- **Latīņamerika** – dzīvnieciski dēmoni, ēnas, miega paralīze.
- **Ziemeļamerika** – astrālā projekcija, citplanētiešu sapņi, traumu atkārtojumi.
- **Eiropa** – gotikas izpausmes, seksa dēmoni (inkubs/sukubuss), dvēseļu fragmentācija.

Ja Sātans var kontrolēt tavus sapņus, viņš var ietekmēt arī tavu likteni.

Liecība – no nakts terora līdz mieram

Jauna sieviete no Apvienotās Karalistes nosūtīja e-pastu pēc grāmatas *"Bijušais sātanists: Džeimsa apmaiņa"* izlasīšanas . Viņa pastāstīja, kā gadiem ilgi viņu mocīja sapņi par to, ka viņu vajā, sakož suņi vai viņa guļ ar svešiem vīriešiem, un reālajā dzīvē tam vienmēr sekoja neveiksmes. Viņas attiecības neizdevās, darba iespējas izzuda, un viņa bija pastāvīgi izsmelta.

Gavējot un studējot tādus Svētos Rakstus kā Ījaba 33:14–18, viņa atklāja, ka Dievs bieži runā caur sapņiem, bet tāpat dara arī ienaidnieks. Viņa sāka svaidīt galvu ar eļļu, pamostoties skaļi atvairīt ļaunus sapņus un rakstīt sapņu dienasgrāmatu. Pakāpeniski viņas sapņi kļuva skaidrāki un mierīgāki. Šodien viņa vada atbalsta grupu jaunām sievietēm, kas cieš no sapņu lēkmēm.

Nigērijas uzņēmējs, noklausījies liecību vietnē YouTube, saprata, ka viņa sapnis par to, ka viņam katru vakaru pasniedz ēdienu, ir saistīts ar burvestībām. Katru reizi, kad viņš sapnī pieņēma ēdienu, viņa biznesā kaut kas nogāja greizi. Sapnī viņš iemācījās nekavējoties noraidīt ēdienu, pirms gulētiešanas lūgt mēlēs un tagad tā vietā redz dievišķas stratēģijas un brīdinājumus.

Rīcības plāns — stipriniet savu nakts sardzi

1. **Pirms gulētiešanas:** Skaļi lasiet Svētos Rakstus. Pielūdziet Dievu. Svaidiet galvu ar eļļu.
2. **Sapņu žurnāls:** Pierakstiet katru sapni pēc pamošanās – gan labu, gan sliktu. Lūdziet Svētajam Garam pēc tā interpretācijas.
3. **Noraidiet un atsakieties:** Ja sapnis ir saistīts ar seksuālām aktivitātēm, mirušiem radiniekiem, ēšanu vai verdzību — nekavējoties atsakieties no tā lūgšanā.
4. **Rakstu karadarbība:**
   - *Psalms 4:8* — Mierīgs miegs
   - *Ījaba 33:14–18* — Dievs runā caur sapņiem
   - *Mateja 13:25* — Ienaidnieks sēj nezāles
   - *Jesajas 54:17* — Nav ieroča, kas vērsts pret tevi

Grupas pieteikums

- Anonīmi dalieties nesenos sapņos. Ļaujiet grupai saskatīt modeļus un nozīmes.
- Māciet biedriem, kā mutiski noraidīt ļaunus sapņus un lūgšanā aizzīmogot labos.
- Grupas deklarācija: "Jēzus vārdā mēs aizliedzam dēmoniskas transakcijas mūsu sapņos!"

Kalpošanas rīki:

- Paņemiet līdzi papīru un pildspalvas sapņu pierakstīšanai.
- Parādiet, kā svaidīt savu māju un gultu.
- Piedāvājiet dievgaldu kā derības zīmogu šai naktij.

Galvenā atziņa
Sapņi ir vai nu vārti uz dievišķām satikšanās vietām, vai dēmoniski slazdi. Svarīgākais ir izšķirtspēja.

Pārdomu žurnāls

- Kādus sapņus esmu pastāvīgi piedzīvojis?
- Vai es veltu laiku savu sapņu pārdomām?
- Vai mani sapņi ir brīdinājuši mani par kaut ko tādu, ko esmu ignorējis?

Nakts sardzes lūgšana
Tēvs, es veltu savus sapņus Tev. Neļauj nevienam ļaunam spēkam ienākt manā miegā. Es noraidu katru dēmonisku derību, seksuālu apgānīšanu vai manipulāciju savos sapņos. Miega laikā es saņemu dievišķu apmeklējumu, debesu pamācības un eņģeļu aizsardzību. Lai manas naktis piepilda miers, atklāsme un spēks. Jēzus vārdā, āmen.

3. DIENA: GARĪGIE LAULĀTIE — NESVĒTAS SAVIENĪBAS, KAS SAIŽ LIKTEŅUS

"Jo tavs Radītājs ir tavs vīrs – Visvarenais Kungs ir Viņa vārds..." — Jesajas 54:5

"Viņi upurēja savus dēlus un savas meitas velniem." — Psalms 106:37

Lai gan daudzi ilgojas pēc laulības izrāviena, viņi neapzinās, ka jau atrodas **garīgā laulībā** — laulībā, kurai nekad nav piekrituši.

Tās ir **derības, kas noslēgtas, izmantojot sapņus, seksuālu vardarbību, asins rituālus, pornogrāfiju, senču zvērestus vai dēmonisku pārnešanu**. Gara dzīvesbiedrs — inkubs (vīrietis) vai sukubs (sieviete) — iegūst likumīgas tiesības uz personas ķermeni, intimitāti un nākotni, bieži vien bloķējot attiecības, iznīcinot mājas, izraisot spontānos abortus un veicinot atkarības.

Globālās manifestācijas

- **Āfrika** – jūras gari (Mami Wata), garu sievas/vīri no ūdens valstībām.
- **Āzija** – Debesu laulības, karmiskie dvēseles radinieku lāsti, reinkarnējušies laulātic.
- **Eiropa** – Raganu savienības, dēmoniski mīlnieki no brīvmūrniecības vai druīdu saknēm.
- **Latīņamerika** — santerijas laulības, mīlestības burvestības, uz paktu balstītas "garu laulības".
- **Ziemeļamerika** — pornogrāfijas izraisīti garīgie portāli, jaunā laikmeta seksa gari, citplanētiešu nolaupīšanas kā inkubatoru tikšanās izpausmes.

Patiesi stāsti — cīņa par laulības brīvību

Tolu, Nigērija.
Tolu bija 32 gadus veca un neprecējusies. Katru reizi, kad viņa saderinājās, vīrietis pēkšņi pazuda. Viņa pastāvīgi sapņoja par kāzām sarežģītās ceremonijās. Grāmatā *"Greater Exploits 14"* viņa atpazina, ka viņas gadījums atbilst tur sniegtajai liecībai. Viņa ievēroja trīs dienu gavēni un nakts kara lūgšanas pusnaktī, pārtraucot dvēseles saites un padzenot jūras garu, kas viņu bija sagrābis. Šodien viņa ir precējusies un konsultē citus.

Lina, Filipīnas.
Naktīs Lina bieži juta, ka viņu pavada "klātbūtne". Viņa domāja, ka iztēlojas lietas, līdz uz viņas kājām un augšstilbiem sāka parādīties zilumi bez jebkāda izskaidrojuma. Viņas mācītājs saskatīja garīgu dzīvesbiedru. Viņa atzinās iepriekšējā aborta un pornogrāfijas atkarībā, pēc tam piedzīvoja atbrīvošanu. Tagad viņa palīdz jaunām sievietēm atpazīt līdzīgus modeļus savā kopienā.

Rīcības plāns – Derības laušana

1. **Atzīstieties** un nožēlojiet seksuālus grēkus, dvēseles saites, okultu darbību atmaskošanu vai senču rituālus.
2. Lūgšanā **noraidiet visas garīgās laulības — nosaucot tās vārdā, ja tās tiek atklātas.**
3. **Gavējiet** 3 dienas (vai kā norādīts), balstoties uz Jesajas grāmatas 54. nodaļu un 18. psalmu kā atsauces rakstiem.
4. **Iznīcini** fiziskas žetonus: gredzenus, drēbes vai dāvanas, kas saistītas ar iepriekšējiem mīļākajiem vai okultām piederībām.
5. **Skaļi paziņojiet:**

Es neesmu precējies ne ar vienu garu. Esmu devies derībā ar Jēzu Kristu. Es noraidu jebkādu dēmonisku savienību savā ķermenī, dvēselē un garā!

Svēto Rakstu rīki

- Jesajas 54:4–8 – Dievs kā tavs patiesais Vīrs
- 18. psalms – Nāves saišu pārraušana
- 1. korintiešiem 6:15–20 — Jūsu miesa pieder Tam Kungam
- Hozejas 2:6–8 – Bezdievīgu derību laušana

Grupas pieteikums

- Pajautājiet grupas dalībniekiem: Vai jums kādreiz ir bijuši sapņi par kāzām, seksu ar svešiniekiem vai ēnām naktī?
- Vadīt garīgo laulāto personu atteikšanās grupu.
- Izspēlējiet lomu spēli "šķiršanās tiesa debesīs" — katrs dalībnieks lūgšanā iesniedz garīgu šķiršanās pieteikumu Dieva priekšā.
- Izmantojiet svaidāmo eļļu uz galvas, vēdera un kājām kā attīrīšanās, vairošanās un kustības simbolus.

Galvenā atziņa
Dēmoniskas laulības ir reālas. Taču nav tādas garīgas savienības, ko nevarētu pārraut Jēzus asinis.

Pārdomu žurnāls

- Vai man ir bijuši atkārtoti sapņi par laulībām vai seksu?
- Vai manā dzīvē ir sastopami noraidījuma, kavēšanās vai spontānā aborta modeļi?
- Vai esmu gatavs pilnībā nodot savu ķermeni, seksualitāti un nākotni Dieva rokās?

Atbrīvošanas lūgšana
Debesu Tēvs, es nožēloju katru seksuālu grēku, zināmu vai nezināmu. Es noraidu un atsakos no katra garīgā dzīvesbiedra, jūras gara vai okultas laulības, kas pieprasa manu dzīvību. Ar Jēzus asiņu spēku es laužu katru derību, sapņu sēklu un dvēseles saiti. Es pasludinu, ka esmu Kristus līgava, izredzēta Viņa godībai. Es staigāju brīva Jēzus vārdā. Āmen.

4. DIENA: NOLĀDĒTIE OBJEKTI – DURVIS, KAS APĢĒRBA

"*Neienes savā namā nekādu negantību, lai tu netiktu tāpat nolādēts.*" — 5. Mozus 7:26

Slēpta ieraksta daļa, ko daudzi ignorē
Ne katra manta ir tikai manta. Dažas lietas nes vēsturi. Citas nes garus. Nolādēti objekti nav tikai elki vai artefakti — tās var būt grāmatas, rotaslietas, statujas, simboli, dāvanas, apģērbs vai pat mantotas mantojuma lietas, kas savulaik bija veltītas tumšajiem spēkiem. Tas, kas atrodas uz jūsu plaukta, uz jūsu rokas, uz jūsu sienas, var būt pats moku ieejas punkts jūsu dzīvē.

Globālie novērojumi

- **Āfrika**: kalabasi, piekariņi un rokassprādzes, kas saistītas ar burvjiem vai senču pielūgsmi.
- **Āzija**: amuleti, zodiaka statujas un tempļu suvenīri.
- **Latīņamerika**: Santerijas kaklarotas, lelles, sveces ar spirta uzrakstiem.
- **Ziemeļamerika**: Taro kārtis, Ouija dēļi, sapņu ķērāji, šausmu piemiņlietas.
- **Eiropa**: pagānu relikvijas, okultas grāmatas, raganu tematikas aksesuāri.

Pāris Eiropā pēc atgriešanās no atvaļinājuma Bali pēkšņi saslima un piedzīvoja garīgu nomāktību. Nezinot, ka viņi bija iegādājušies cirstu statuju, kas bija veltīta vietējai jūras dievībai. Pēc lūgšanas un pārdomām viņi izņēma statuju un sadedzināja to. Miers atgriezās nekavējoties.

Cita sieviete no *Lielo Ekspluatāciju* liecībām ziņoja par neizskaidrojamiem murgiem, līdz atklājās, ka tantes dāvinātā kaklarota patiesībā bija garīga uzraudzības ierīce, kas iesvētīta svētnīcā.

Tu ne tikai tīri savu māju fiziski — tev tā ir jātīra arī garīgi.

Liecība: "Lelle, kas mani vēroja"

Lurdesa Valdivija, kuras stāstu mēs iepriekš izpētījām no Dienvidamerikas, reiz ģimenes svinību laikā saņēma porcelāna lelli. Viņas māte to bija iesvētījusi okultā rituālā. Kopš nakts, kad tā tika ienesta viņas istabā, Lurdesa sāka dzirdēt balsis, piedzīvot miega paralīzi un naktī redzēt figūras.

Tikai tad, kad kāds kristietis kopā ar viņu lūdza Dievu un Svētais Gars atklāja lelles izcelsmi, viņa no tās atbrīvojās. Dēmoniskā klātbūtne nekavējoties pazuda. Tas aizsāka viņas atmodu — no apspiešanas uz atbrīvošanu.

Rīcības plāns – mājas un sirds audits

1. **Izstaigā katru istabu** savās mājās ar svaidāmo eļļu un Vārdu.
2. **Lūdziet Svēto Garu** izcelt priekšmetus vai dāvanas, kas nav no Dieva.
3. **Sadedzini vai izmet** priekšmetus, kas saistīti ar okultismu, elkdievību vai amoralitāti.
4. **Aizveriet visas durvis** ar tādiem Svēto Rakstu pantiem kā:
   - 5. *Mozus 7:26*
   - *Apustuļu darbi 19:19*
   - *2. korintiešiem 6:16–18*

Grupas diskusija un aktivizēšana

- Padalieties ar jebkādām lietām vai dāvanām, kas jums kādreiz piederēja un kurām bija neparasta ietekme uz jūsu dzīvi.
- Kopīgi izveidojiet "Mājas tīrīšanas kontrolsarakstu".
- Norīkojiet partnerus lūgt vienam otra mājas vidē (ar atļauju).
- Uzaiciniet vietējo atbrīvošanas mācītāju vadīt pravietisku mājas attīrīšanas lūgšanu.

Kalpošanas rīki: svaidāmā eļļa, pielūgsmes mūzika, atkritumu maisi (īstai izmešanai) un ugunsdrošs konteiners iznīcināmajiem priekšmetiem.

Galvenā atziņa

Tas, ko jūs pieļaujat savā telpā, var pilnvarot garus jūsu dzīvē.

Pārdomu žurnāls

- Kādiem priekšmetiem manā mājā vai drēbju skapī ir neskaidra garīga izcelsme?
- Vai esmu turējis kaut ko sentimentālas vērtības dēļ, no kā man tagad ir jāatbrīvojas?
- Vai esmu gatavs iesvētīt savu telpu Svētajam Garam?

Attīrīšanās lūgšana

Kungs Jēzu, es aicinu Tavu Svēto Garu atmaskot visu manās mājās, kas nav no Tevis. Es atsakos no katra nolādēta priekšmeta, dāvanas vai lietas, kas bija saistīta ar tumsu. Es pasludinu savas mājas par svētu zemi. Lai Tavs miers un šķīstība mājo šeit. Jēzus vārdā. Āmen.

5. DIENA: APBURTS UN PILMĀTS — ATBRĪVOŠANĀS NO ZĪLĒŠANAS GARA

Visaugstākā Dieva kalpi , kas jums sludina pestīšanas ceļu." — *Apustuļu darbi 16:17 (NKJV)*
"Bet Pāvils, ļoti apvainots, pagriezās un sacīja garam: "Jēzus Kristus vārdā es tev pavēlu no viņas iziet!" Un tas izgāja tanī pašā stundā." — *Apustuļu darbi 16:18*

Starp pravietojumu un zīlēšanu pastāv šaura robeža, un daudzi mūsdienās to pārkāpj, pat nezinot.

No YouTube praviešiem, kas pieprasa maksu par "personiskiem vārdiem", līdz sociālo mediju taro lasītājiem, kas citē Svētos Rakstus, pasaule ir kļuvusi par garīgā trokšņa tirgu. Un traģiski, ka daudzi ticīgie neapzināti dzer no piesārņotām straumēm.

Zīlēšanas gars atdarina Svēto Garu. Tas glaimo, pavedina, manipulē ar emocijām un iepin savus upurus kontroles tīklā. Tā mērķis? **Garīgi sapīt, maldināt un paverdzināt.**

Zīlēšanas globālās izpausmes

- **Āfrika** – orākuli, Ifas priesteri, ūdens garu mediji, pravietiska krāpšana.
- **Āzija** — plaukstu lasītāji, astrologi, senču gaišreģi, reinkarnācijas "pravieši".
- **Latīņamerika** – santerijas pravieši, burvestību radītāji, svētie ar tumšām spējām.
- **Eiropa** – Taro kārtis, gaišredzība, vidējie apļi, Jaunā laikmeta čenelings.
- **Ziemeļamerika** – "kristīgie" ekstrasensi, numeroloģija baznīcās, eņģeļu kārtis, garīgie ceļveži, kas maskējas par Svēto Garu.

Bīstami ir ne tikai tas, ko viņi saka, bet arī **gars,** kas slēpjas aiz tā.

Liecība: No gaišreģa līdz Kristum

Kāda amerikāniete vietnē YouTube liecināja, kā viņa no "kristīgās pravietes" kļuva par tādu, kas saprata, ka darbojas zīlēšanas gara ietekmē. Viņa sāka skaidri redzēt vīzijas, sniegt detalizētus pravietiskus vārdus un piesaistīt lielus pūļus tiešsaistē. Taču viņa cīnījās arī ar depresiju, murgiem un pēc katras sesijas dzirdēja čukstus.

Kādu dienu, skatoties mācību par *Apustuļu darbiem 16. nodaļu* , zvīņas nokrita. Viņa saprata, ka nekad nav pakļāvusies Svētajam Garam — tikai savai dāvanai. Pēc dziļas grēku nožēlas un atbrīvošanas viņa iznīcināja savas eņģeļu kārtis un gavēņa dienasgrāmatu, kas bija pilna ar rituāliem. Šodien viņa sludina Jēzu, nevis "vārdus".

Rīcības plāns – Garu pārbaude

1. Pajautājiet: Vai šis vārds/dāvana mani tuvina **Kristum** vai cilvēkam, **kas** to dāvina?
2. Pārbaudiet katru garu ar *1. Jāņa 4:1–3*.
3. Nožēlojiet jebkādu iesaistīšanos ekstrasensu, okultās vai viltus pravietiskās praksēs.
4. Pārtrauciet visas dvēseliskās saites ar viltus praviešiem, zīlniekiem vai burvestību instruktoriem (pat tiešsaistē).
5. Drosmīgi paziņojiet:

"Es noraidu katru melīgu garu. Es piederu tikai Jēzum. Manas ausis ir noregulētas uz Viņa balsi!"

Grupas pieteikums

- Pārrunājiet: Vai esat kādreiz sekojuši pravietim vai garīgajam ceļvedim, kas vēlāk izrādījās viltus?
- Grupas vingrinājums: Mudiniet dalībniekus atteikties no noteiktām praksēm, piemēram, astroloģijas, dvēseļu lasīšanas, ekstrasensu spēlēm vai garīgiem ietekmētājiem, kas nav sakņoti Kristū.
- Aiciniet Svēto Garu: atvēliet 10 minūtes klusumam un klausīšanai. Pēc tam pastāstiet, ko Dievs atklāj — ja vispār kaut ko atklāj.
- Sadedziniet vai izdzēsiet ar zīlēšanu saistītus digitālus/fiziskus

vienumus, tostarp grāmatas, lietotnes, videoklipus vai piezīmes.

Kalpošanas rīki:
Atbrīvošanas eļļa, krusts (padevības simbols), atkritumu tvertne/spainis simbolisku priekšmetu izmešanai, pielūgsmes mūzika, kuras centrā ir Svētais Gars.

Galvenā atziņa
Ne viss pārdabiskais nāk no Dieva. Patiesa pravietojums izriet no tuvības ar Kristu, nevis manipulācijām vai izrādēm.

Pārdomu žurnāls

- Vai mani kādreiz ir piesaistījušas psihiskas vai manipulatīvas garīgās prakses?
- Vai esmu vairāk atkarīgs no "vārdiem" nekā no Dieva Vārda?
- Kādām balsīm esmu devis piekļuvi, kas tagad ir jāapklusina?

ATBRĪVOŠANAS LŪGŠANA

Tēvs, es nepiekrītu ikvienam zīlēšanas, manipulācijas un viltus pravietojumu garam. Es nožēloju grēkus, ka meklēju vadību ārpus Tavas balss. Attīri manu prātu, manu dvēseli un manu garu. Māci man staigāt tikai Tavā Garā. Es aizveru visas durvis, ko esmu atvēris okultismam, apzināti vai neapzināti. Es pasludinu, ka Jēzus ir mans Gans, un es dzirdu tikai Viņa balsi. Jēzus varenajā vārdā, Āmen.

6. DIENA: ACS VĀRTI – TUMSA PORTĀLU SLĒGŠANA

"Acs ir miesas spīdeklis. Ja tavas acis ir veselas, tad visa tava miesa būs gaiša."
— *Mateja 6:22 (NIV)*
"Es nelikšu savu acu priekšā neko ļaunu..." — *Psalms 101:3 (KJV)*

Garīgajā sfērā **jūsu acis ir vārti**. Tas, kas ienāk caur jūsu acīm, ietekmē jūsu dvēseli — vai tā ir tīra, vai piesārņota. Ienaidnieks to zina. Tāpēc mediji, attēli, pornogrāfija, šausmu filmas, okulti simboli, modes tendences un pavedinošs saturs ir kļuvuši par kaujas laukiem.

Karš par tavu uzmanību ir karš par tavu dvēseli.

Tas, ko daudzi uzskata par "nekaitīgu izklaidi", bieži vien ir kodēts aicinājums — uz iekāri, bailēm, manipulācijām, lepnumu, iedomību, dumpi vai pat dēmonisku piekeršanos.

Vizuālās tumsas globālie vārti

- **Āfrika** — rituālas filmas, Nolivudas tēmas, kas normalizē burvestības un poligāmiju.
- **Āzija** – anime un manga ar garīgiem portāliem, pavedinošiem gariem, astrāliem ceļojumiem.
- **Eiropa** – gotiskā mode, šausmu filmas, apsēstība ar vampīriem, sātaniska māksla.
- **Latīņamerika** – telenovelas, kas slavina burvestības, lāstus un atriebību.
- **Ziemeļamerika** — plaši izplatītie mediji, mūzikas video, pornogrāfija, "mīlīgas" dēmoniskas multfilmas.

Tas, uz ko tu pastāvīgi skaties, pret ko tu kļūsti nejūtīgs.

Stāsts: "Multfilma, kas nolādēja manu bērnu"
Kāda māte no ASV pamanīja, ka viņas piecgadīgais bērns naktīs sāka kliegt un zīmēt satraucošus attēlus. Pēc lūgšanas Svētais Gars norādīja viņai uz multfilmu, ko viņas dēls slepeni bija skatījies — multfilmu, kas bija pilna ar burvestībām, runājošiem gariem un simboliem, ko viņa nebija pamanījusi.

Viņa izdzēsa raidījumus un iesvaidīja savu māju un ekrānus. Pēc vairākām naktīm, kas pavadītas pusnakts lūgšanās un 91. psalma dziedāšanā, lēkmes apstājās, un zēns sāka mierīgi gulēt. Tagad viņa vada atbalsta grupu, kas palīdz vecākiem sargāt savu bērnu redzes vārtus.

Rīcības plāns – Acu vārtu attīrīšana

1. Veiciet **mediju auditu** : Ko jūs skatāties? Lasāt? Ritināt?
2. Atcel abonementus vai platformas, kas baro tavu miesu, nevis ticību.
3. Svaidiet savas acis un ekrānus, pasludinot Psalmu 101:3.
4. Aizvietojiet atkritumus ar dievbijīgu ieguldījumu — dokumentālajām filmām, pielūgsmi, tīru izklaidi.
5. Paziņot:

"Es nelikšu savu acu priekšā neko negantu. Mana vīzija pieder Dievam."

Grupas pieteikums

- Izaicinājums: 7 dienu acu vārtu gavēnis — nekādu toksisku mediju, nekādas dīkādas ritināšanas.
- Dalīties: Kādu saturu Svētais Gars tev ir licis pārtraukt skatīties?
- Vingrinājums: Uzlieciet rokas uz acīm un atsakieties no jebkādas aptraipīšanas caur redzi (piemēram, pornogrāfijas, šausmām, iedomības).
- Aktivitāte: Aiciniet dalībniekus dzēst lietotnes, sadedzināt grāmatas vai izmest priekšmetus, kas bojā viņu redzi.

Rīki: olīveļļa, atbildības lietotnes, Svēto Rakstu ekrānsaudzētāji, lūgšanu kartītes ar "Eye Gate" atbalstu.

Galvenā atziņa
Tu nevari valdīt pār dēmoniem, ja tie tevi izklaidē.

Pārdomu žurnāls

- Ko es baroju savas acis, kas varētu barot tumsu manā dzīvē?
- Kad es pēdējo reizi raudāju par to, kas salauž Dieva sirdi?
- Vai esmu devis Svētajam Garam pilnīgu kontroli pār savu ekrāna laiku?

Šķīstības lūgšana

Kungs Jēzu, es lūdzu, lai Tavas asinis noskalo manas acis. Piedod man par lietām, ko esmu ielaidis caur saviem ekrāniem, grāmatām un iztēli. Šodien es pasludinu, ka manas acis meklē gaismu, nevis tumsu. Es noraidu katru tēlu, iekāri un ietekmi, kas nav no Tevis. Šķīstī manu dvēseli. Sargā manu skatienu. Un ļauj man redzēt to, ko Tu redzi – svētumā un patiesībā. Āmen.

7. DIENA: VĀRDU SPĒKS — ATTEICĪŠANĀS NO NESVĒTĀM IDENTITĀTĒM

"Un Jabecs piesauca Israēla Dievu, sacīdams: "Ak, kaut Tu mani patiesi svētītu..." Tad Dievs viņam piešķīra to, ko viņš lūdza."
— *1. Laiku grāmata 4:10*
"Tevi vairs nesauks par Ābrāmu, bet gan par Ābrahāmu..." — *1. Mozus grāmata 17:5*

Vārdi nav tikai etiķetes — tie ir garīgi apliecinājumi. Svētajos Rakstos vārdi bieži atspoguļo likteni, personību vai pat verdzību. Nosaukt kaut ko vārdā nozīmē piešķirt tam identitāti un virzienu. Ienaidnieks to saprot — tāpēc daudzi cilvēki neapzināti ir iesprostoti zem vārdiem, kas doti neziņā, sāpēs vai garīgā verdzībā.

Tāpat kā Dievs mainīja vārdus (Ābrāms par Ābrahāmu, Jēkabs par Izraēlu, Sāraja par Sāru), Viņš joprojām maina likteņus, pārdēvējot Savu tautu.

Vārda saistīšanas globālie konteksti

- **Āfrika** — bērni, kas nosaukti mirušo senču vai elku vārdos (ar nozīmēm saistīti "Ogbanje", "Dike", " Ifunanya ").
- **Āzija** – reinkarnācijas nosaukumi, kas saistīti ar karmiskiem cikliem vai dievībām.
- **Eiropa** — vārdi, kuru saknes ir pagānu vai burvestību mantojumā (piemēram, Freja, Tors, Merlins).
- **Latīņamerika** – Santerijas ietekmēti nosaukumi, īpaši caur garīgajām kristībām.
- **Ziemeļamerika** — nosaukumi, kas aizgūti no popkultūras, sacelšanās kustībām vai senču veltījumiem.

Vārdiem ir nozīme — un tie var nest spēku, svētību vai važas.

Stāsts: "Kāpēc man vajadzēja pārdēvēt savu meitu"

Grāmatā *"Greater Exploits 14"* kāds nigēriešu pāris savu meitu nosauca par "Amaka", kas nozīmē "skaista", taču viņa cieta no retas slimības, kas mulsināja ārstus. Pravietiskas konferences laikā māte saņēma atklāsmi: šo vārdu kādreiz lietoja viņas vecmāmiņa, burve, kuras gars tagad pieprasīja bērnu.

Viņi nomainīja viņas vārdu uz " Oluwatamilore " (Dievs mani ir svētījis), kam sekoja gavēnis un lūgšanas. Bērns pilnībā atveseļojās.

Citā gadījumā Indijā vīrietis vārdā "Karma" cīnījās ar paaudžu lāstiem. Pēc tam, kad viņš bija atteicies no hinduisma saitēm un mainījis savu vārdu uz "Džonatans", viņš sāka piedzīvot izrāvienu finansiālajā un veselības jomā.

Rīcības plāns — jūsu vārda izpēte

1. Izpētiet savu vārdu pilno nozīmi — vārdu, otro vārdu, uzvārdu.
2. Pajautājiet vecākiem vai vecākajiem, kāpēc jums tika doti šādi vārdi.
3. Lūgšanā atsakieties no negatīvām garīgām nozīmēm vai veltījumiem.
4. Apliecini savu dievišķo identitāti Kristū:

"Mani sauc Dieva vārdā. Mans jaunais vārds ir ierakstīts debesīs." (Atklāsmes 2:17)

GRUPAS IESAISTĪŠANĀS

- Pajautājiet dalībniekiem: Ko nozīmē jūsu vārds? Vai jums ir bijuši sapņi, kas saistīti ar to?
- Izpildiet "vārda došanas lūgšanu" — pravietiski pasludinot katra cilvēka identitāti.
- Uzlieciet rokas tiem, kam nepieciešams atbrīvoties no vārdiem, kas saistīti ar derībām vai senču verdzību.

Darbarīki: Izdrukājiet vārdu nozīmes kartītes, paņemiet līdzi svaidāmo eļļu, izmantojiet Svēto Rakstu pantus par vārdu maiņu.

Galvenā atziņa

Tu nevari staigāt savā patiesajā identitātē, vienlaikus atbildot uz viltus identitāti.

Pārdomu žurnāls

- Ko nozīmē mans vārds — garīgi un kulturāli?
- Vai jūtos saskaņots ar savu vārdu vai konfliktā ar to?
- Kā vārdā mani sauc debesis?

Pārdēvēšanas lūgšana

Tēvs, Jēzus vārdā es Tev pateicos par to, ka esi man devis jaunu identitāti Kristū. Es laužu katru lāstu, derību vai dēmonisku saiti, kas saistīta ar maniem vārdiem. Es atsakos no katra vārda, kas nesaskan ar Tavu gribu. Es saņemu vārdu un identitāti, ko man devušas debesis — pilnu spēka, mērķa un šķīstības. Jēzus vārdā, Āmen.

8. DIENA: VILTUS GAISMAS ATMASKOŠANA — JAUNĀ LAIKMETA SLAPAS UN EŅĢEĻU MANTIŅAS

"*Un nav brīnums! Jo pats Sātans izliekas par gaismas eņģeli.*" — 2. korintiešiem 11:14
"*Mīļie, neticiet katram garam, bet pārbaudiet garus, vai tie ir no Dieva...*" — 1. Jāņa 4:1

Ne viss, kas spīd, ir Dievs.

Mūsdienu pasaulē aizvien vairāk cilvēku meklē "gaismu", "dziedināšanu" un "enerģiju" ārpus Dieva Vārda. Viņi pievēršas meditācijai, jogas altāriem, trešās acs aktivizēšanai, senču izsaukšanai, taro kāršu lasīšanai, mēness rituāliem, eņģeļu čenelēšanai un pat kristīgi skanošai misticismam. Maldība ir spēcīga, jo sākumā tā bieži vien nāk ar mieru, skaistumu un spēku.

Taču aiz šīm kustībām stāv zīlēšanas gari, viltus pareģojumi un senas dievības, kas valkā gaismas masku, lai iegūtu likumīgu piekļuvi cilvēku dvēselēm.

Viltus gaismas globālais tvērums

- **Ziemeļamerika** – kristāli, salvijas attīrīšana, pievilkšanās likums, ekstrasensi, citplanētiešu gaismas kodi.
- **Eiropa** – Pārdēvēts pagānisms, dieviešu pielūgsme, baltā burvestība, garīgie svētki.
- **Latīņamerika** — santerija sajaukta ar katoļu svētajiem, spiritistu dziedniekiem (kuranderos).
- **Āfrika** – pravietiski viltojumi, izmantojot eņģeļu altārus un rituālo ūdeni.
- **Āzija** – čakras, jogas "apgaismība", reinkarnācijas konsultācijas, tempļa gari.

Šīs prakses var sniegt īslaicīgu "gaismu", bet laika gaitā tās aptumšo dvēseli.

Liecība: Atbrīvošanās no gaismas, kas maldināja

Sākot ar *Greater Exploits 14* , Mersija (Apvienotā Karaliste) apmeklēja eņģeļu seminārus un praktizēja "kristīgo" meditāciju ar vīraku, kristāliem un eņģeļu kārtīm. Viņa ticēja, ka piekļūst Dieva gaismai, taču drīz vien miega laikā sāka dzirdēt balsis un naktī just neizskaidrojamas bailes.

Viņas atbrīvošana sākās, kad kāds viņai uzdāvināja grāmatu *"The Jameses Exchange"* , un viņa saprata līdzības starp savu pieredzi un bijušā sātanista pieredzi, kurš runāja par eņģeļu maldiem. Viņa nožēloja grēkus, iznīcināja visus okultos objektus un pakļāvās pilnīgas atbrīvošanas lūgšanām.

Šodien viņa drosmīgi liecina pret Jaunā laikmeta maldināšanu baznīcās un ir palīdzējusi citiem atteikties no līdzīgiem ceļiem.

Rīcības plāns – Garu pārbaude

1. **Izvērtējiet savas prakses un uzskatus** — vai tie atbilst Svētajiem Rakstiem vai vienkārši šķiet garīgi?
2. no visiem viltus gaismas materiāliem **un iznīciniet tos : kristālus, jogas rokasgrāmatas, eņģeļu kārtis, sapņu ķērājus utt.**
3. Lūdziet Dievu, lai Viņš padarītu Savu Vārdu par jūsu vienīgo gaismu. **Psalms 119:105**
4. **Pasludiniet karu apjukumam** — sasaistiet pazīstamas dvēseles un viltus atklāsmes.

GRUPAS PIETEIKUMS

- **Diskutējiet** : Vai jūs vai kāds jūsu paziņa ir nonācis "garīgās" praksēs, kas nebija centrētas uz Jēzu?
- **Lomu spēles "Izšķiršana"** : Izlasiet fragmentus no "garīgiem" teicieniem (piemēram, "Uzticies Visumam") un salīdziniet tos ar Svētajiem Rakstiem.
- **Svaidīšanas un atbrīvošanas sesija** : Sadaliet altārus viltus gaismai un aizvietojiet tos ar derību *pasaules gaismai* (Jāņa 8:12).

Ministrijas rīki :

- Mācīšanai ar priekšmetiem līdzi jāņem īsti Jaunā laikmeta priekšmeti (vai to fotogrāfijas).
- Piedāvājiet atbrīvošanas lūgšanu pret pazīstamajiem gariem (skat. Apustuļu darbi 16:16–18).

Galvenā atziņa
Sātana bīstamākais ierocis nav tumsa — tā ir viltota gaisma.
Pārdomu žurnāls

- Vai esmu atvēris garīgas durvis caur "gaismas" mācībām, kas nav sakņotas Rakstos?
- Vai es uzticos Svētajam Garam vai intuīcijai un enerģijai?
- Vai esmu gatavs atteikties no visām viltus garīguma formām Dieva patiesības vārdā?

ATTEIKŠANĀS LŪGŠANA

Tēvs , es nožēloju visus grēkus, ko esmu darījis, izklaidējoties ar viltus gaismu vai iesaistoties tajā. Es atsakos no visām Jaunā laikmeta formām, burvestībām un maldinoša garīguma. Es sarauju visas dvēseles saites ar eņģeļu krāpniekiem, garīgajiem ceļvežiem un viltus atklāsmēm. Es pieņemu Jēzu, patieso pasaules Gaismu. Es apliecinu, ka nesekošu nevienai citai balsij kā vien Tavējai, Jēzus vārdā. Āmen.

9. DIENA: ASIŅU ALTĀRIS — DERĪBAS, KAS PIEPRASA DZĪVĪBU

"*Un viņi uzcēla Baala augstienes... lai savus dēlus un savas meitas upurētu ugunī Moloham.*" — Jeremijas 32:35

"*Un viņi to uzvarēja ar Jēra asinīm un ar savas liecības vārdu...*" — Atklāsmes 12:11

Ir altāri, kas ne tikai lūdz jūsu uzmanību — tie pieprasa jūsu asinis.

Kopš seniem laikiem līdz mūsdienām asins derības ir bijušas tumsas valstības pamatprakse. Dažas no tām tiek apzināti noslēgtas, izmantojot burvestības, abortus, rituālas slepkavības vai okultas iniciācijas. Citas tiek mantotas caur senču praksēm vai neapzināti noslēgtas garīgas nezināšanas dēļ.

Visur, kur tiek izlietas nevainīgas asinis — vai tā būtu svētnīcas, guļamistabās vai sanāksmju telpās —, runā dēmonisks altāris.

Šie altāri atņem dzīvības, saīsina likteņus un rada likumīgu pamatu dēmoniskām mokām.

Globālie asins altāri

- **Āfrika** – rituālas slepkavības, naudas rituāli, bērnu upurēšana, asins līgumi dzimšanas brīdī.
- **Āzija** — tempļa asins upurēšana, ģimenes lāsti, izmantojot abortu vai kara zvērestus.
- **Latīņamerika** — santerijas dzīvnieku upurēšana, asins ziedošana mirušo gariem.
- **Ziemeļamerika** – aborta kā sakramenta ideoloģija, dēmoniskas asins zvēresta brālības.
- **Eiropa** – seni druīdu un brīvmūrnieku rituāli, Otrā pasaules kara laika asinsizliešanas altāri joprojām nav nožēloti.

Šīs derības, ja vien netiek lauztas, turpina prasīt dzīvības, bieži vien cikliski.

Patiess stāsts: Tēva upuris

Grāmatā *"Atbrīvots no tumsas varas"* sieviete no Centrālāfrikas atbrīvošanas seansa laikā atklāja, ka viņas biežā saskarsme ar nāvi bija saistīta ar asins zvērestu, ko bija devis viņas tēvs. Viņš bija apsolījis viņai dzīvību apmaiņā pret bagātību pēc gadiem ilgas neauglības.

Pēc tēva nāves viņa sāka redzēt ēnas un katru gadu savā dzimšanas dienā piedzīvot gandrīz letālus negadījumus. Viņas izrāviens notika, kad viņa katru dienu sev pasludināja 118. psalma 17. pantu — *"Es nemiršu, bet dzīvošu..."*, kam sekoja atteikšanās lūgšanu un gavēņa sērija. Šodien viņa vada spēcīgu aizlūgšanas kalpošanu.

Citā stāstā no grāmatas *"Greater Exploits 14"* ir aprakstīts vīrietis Latīņamerikā, kurš piedalījās bandas iniciācijā, kas ietvēra asins izliešanu. Gadus vēlāk, pat pēc Kristus pieņemšanas, viņa dzīve bija nepārtrauktā nemierā — līdz viņš lauza asins derību ar ilgstošu gavēni, publisku grēksūdzi un ūdens kristību. Mokas beidzās.

Rīcības plāns – Asins altāru apklusināšana

1. **Nožēlojiet** jebkuru abortu, slēptas asins līgumiem vai iedzimtu asinsizliešanu.
2. **nosauciet** vārdā visas zināmās un nezināmās asins derības.
3. **Gavēni trīs dienas,** katru dienu pieņemot Svēto Vakarēdienu, pasludinot Jēzus asinis par savu likumīgo segumu.
4. **Skaļi paziņot** :

"Ar Jēzus asinīm es laužu katru asins derību, kas noslēgta manā labā. Esmu atpestīts!"

GRUPAS PIETEIKUMS

- Apspriediet atšķirību starp dabiskajām asins saitēm un dēmoniskajām asins derībām.
- Izmantojiet sarkanu lenti/diegu, lai attēlotu asins altārus, un šķēres, lai tos pravietiski pārgrieztu.

- Aiciniet liecību sniegt kādu, kurš ir atbrīvojies no asinssaišu saitēm.

Ministrijas rīki :

- Komūnijas elementi
- Svaidāmā eļļa
- Piegādes deklarācijas
- Sveču gaismas altāra laušanas vizuālais attēlojums, ja iespējams

Galvenā atziņa
Sātans tirgojas ar asinīm. Jēzus pārmaksāja par tavu brīvību ar Savējām.
Pārdomu žurnāls

- Vai es vai mana ģimene ir piedalījusies kaut kādās darbībās, kas saistītas ar asinsizliešanu vai zvērestu došanu?
- Vai manā asinslīnijā ir atkārtoti nāves gadījumi, spontānie aborti vai vardarbības modeļi?
- Vai esmu pilnībā uzticējies Jēzus asinīm, lai tās runātu skaļāk pār manu dzīvi?

Atbrīvošanas lūgšana
Kungs Jēzu , es pateicos Tev par Tavām dārgajām asinīm, kas runā labākas lietas nekā Ābela asinis. Es nožēloju jebkuru asins derību, ko es vai mani senči esam noslēguši, apzināti vai neapzināti. Es tagad no tās atsakos. Es apliecinu, ka esmu pārklāts ar Jēra asinīm. Lai katrs dēmoniskais altāris, kas pieprasa manu dzīvību, tiek apklusināts un sagrauts. Es dzīvoju, jo Tu biji par mani. Jēzus vārdā, Āmen.

10. DIENA: NEKAUGLĪBA UN TRAUCĒTĪBA — KAD DZEME KĻŪST PAR KAUGAS LAUKU

"*Neviens nepaliks neauglīgs un neiznēsās tavā zemē; Es piepildīšu tavu dienu skaitu.*" — 2. Mozus 23:26

"*Viņš dod bezbērnu sievietei ģimeni, padarot viņu par laimīgu māti. Slavēts lai ir Tas Kungs!*" — Psalms 113:9

Neauglība ir vairāk nekā tikai medicīniska problēma. Tā var būt garīgs cietoksnis, kas sakņojas dziļās emocionālās, senču un pat teritoriālās cīņās.

Visās tautās ienaidnieks izmanto neauglību, lai apkaunotu, izolētu un iznīcinātu sievietes un ģimenes. Lai gan daži cēloņi ir fizioloģiski, daudzi ir dziļi garīgi — saistīti ar paaudžu altāriem, lāstiem, garīgajiem laulātajiem, neizšķirtiem likteņiem vai dvēseles brūcēm.

Aiz katras neauglīgas dzemdes slēpjas debesu apsolījums. Taču bieži vien pirms ieņemšanas ir jāizcīna cīņa – gan dzemdē, gan garā.

Globālie neauglības modeļi

- **Āfrika** — saistīta ar poligāmiju, senču lāstiem, svētnīcu līgumiem un garu bērniem.
- **Āzija** – karmas uzskati, iepriekšējo dzīvju solījumi, paaudžu lāsti, kauna kultūra.
- **Latīņamerika** — burvestību izraisīta dzemdes slēgšana, skaudības burvestības.
- **Eiropa** – pārmērīga atkarība no mākslīgās apaugļošanas (IVF), brīvmūrnieku bērnu upurēšana, vainas apziņa par abortiem.
- **Ziemeļamerika** – emocionāla trauma, dvēseles brūces, spontāno abortu cikli, hormonus mainoši medikamenti.

PATIESI STĀSTI – NO asarām līdz liecībām
Marija no Bolīvijas (Latīņamerika)

Marijai bija bijuši pieci spontānie aborti. Katru reizi viņa sapņoja turam raudošu bērnu un nākamajā rītā redzējām asinis. Ārsti nevarēja izskaidrot viņas stāvokli. Izlasījusi liecību grāmatā *"Greater Exploits"* , viņa saprata, ka no vecmāmiņas, kura visas sieviešu dzemdes bija veltījusi vietējai dievībai, ir mantojusi ģimenes neauglības altāri.

Viņa gavēja un 14 dienas sludināja 113. psalmu. Viņas mācītājs vadīja viņu derības laušanā, izmantojot Svēto Vakarēdienu. Deviņus mēnešus vēlāk viņa dzemdēja dvīņus.

Ngozi no Nigērijas (Āfrika).

Ngozi bija precējusies 10 gadus bez bērniem. Atbrīvošanas lūgšanu laikā atklājās, ka viņa garīgajā pasaulē ir precējusies ar jūras kājnieka vīru. Katrā ovulācijas ciklā viņai bija seksuāli sapņi. Pēc virknes pusnakts kara lūgšanu un pravietiskas darbības, sadedzinot savu laulības gredzenu no iepriekšējās okultās iesvētības, viņas dzemde atvērās.

Rīcības plāns – dzemdes atvēršana

1. **Identificējiet sakni** – senču, emocionālo, laulības vai medicīnisko.
2. **Nožēlojiet pagātnes abortus**, dvēseles saites, seksuālus grēkus un okultas veltīšanas.
3. **Svaidi savu klēpi katru dienu**, vienlaikus pasludinot 2. Mozus 23:26 un 113. psalmu.
4. **Gavēni trīs dienas** un katru dienu pieņem svēto vakarēdienu, noraidot visus altārus, kas saistīti ar tavu dzemdi.
5. **Runājiet skaļi**:

Mana klēpja ir svētīta. Es noraidu katru neauglības derību. Es ieņemšu un iznēsāšu līdz pilnam laikam Svētā Gara spēkā!

Grupas pieteikums

- Aiciniet sievietes (un pārus) dalīties kavēšanās nastās drošā, lūgšanu pilnā vidē.
- Izmantojiet sarkanas šalles vai audumus, kas sasieti ap vidukli — pēc tam pravietiski atraisiet tos kā brīvības zīmi.
- Vadi pravietisku "vārda došanas" ceremoniju — pasludini ticībā bērnus, kas vēl nav dzimuši.
- Lūgšanu aprindās salauziet vārdu lāstus, kultūras kaunu un sevis ienīšanu.

Kalpošanas rīki:

- Olīveļļa (dzemdes svaidīšanai)
- Komūnija
- Apmetņi/šalles (simbolizē pārklājumu un jaunumu)

Galvenā atziņa
Neauglība nav beigas — tā ir aicinājums uz karu, ticību un atjaunošanu. Dieva kavēšanās nav noliegums.

Pārdomu žurnāls

- Kādas emocionālas vai garīgas brūces ir saistītas ar manu dzemdi?
- Vai esmu pieļāvis, ka kauns vai rūgtums aizstāj manu cerību?
- Vai esmu gatavs stāties pretī pamatcēloņiem ar ticību un rīcību?

Dziedināšanas un ieņemšanas lūgšana
Tēvs, es balstos uz Taviem Vārdiem, kas saka, ka neviens nebūs neauglīgs zemē. Es noraidu visus melus, altāri un garu, kas paredzēts, lai kavētu manu auglību. Es piedodu sev un citiem, kas ir runājuši ļaunu par manu ķermeni. Es saņemu dziedināšanu, atjaunošanos un dzīvību. Es pasludinu savu klēpi par auglīgu un savu prieku pilnīgu. Jēzus vārdā. Āmen.

11. DIENA: AUTOIMŪNAS TRAUCĒJUMI UN HRONISKS NOGURUMS — NEREDZAMAIS IEKŠĒJAIS KARŠ

"*Nams, kas pats savā starpā sašķelts, nepastāvēs.*" — Mateja 12:25. "*Viņš dod spēku vājajiem un vairo stiprumu nespēcīgajiem.*" — Jesajas 40:29.

Autoimūnas slimības ir slimības, kurās organisms uzbrūk pats sev — kļūdaini uzskatot savas šūnas par ienaidniekiem. Šajā grupā ietilpst vilkēde, reimatoīdais artrīts, multiplā skleroze, Hašimoto slimība un citas.

Hroniska noguruma sindroms (HNS), fibromialģija un citi neizskaidrojami izsīkuma traucējumi bieži vien pārklājas ar autoimūnām problēmām. Taču papildus bioloģiskajām problēmām daudzi, kas cieš, nes emocionālas traumas, dvēseles brūces un garīgu nastu.

Ķermenis kliedz — ne tikai pēc medikamentiem, bet arī pēc miera. Daudzi karo iekšēji.

Globāls ieskats

- **Āfrika** — pieaugošas autoimūnu slimību diagnozes, kas saistītas ar traumu, piesārņojumu un stresu.
- **Āzija** — augsts vairogdziedzera slimību līmenis, kas saistīts ar senču apspiešanu un kauna kultūru.
- **Eiropa un Amerika** – hroniska noguruma un izdegšanas epidēmija, ko izraisa uz sniegumu orientēta kultūra.
- **Latiņamerika** — Cietējiem bieži tiek noteikta nepareiza diagnoze; stigma un garīgi uzbrukumi dvēseles fragmentācijas vai lāstu veidā.

Slēptās garīgās saknes

- **Sevis ienīšana vai kauns** — sajūta, ka "neesi pietiekami labs".
- **Nepiedošana sev vai citiem** — imūnsistēma atdarina garīgo stāvokli.
- **Neapstrādātas bēdas vai nodevība** — paver durvis dvēseles nogurumam un fiziskam sabrukumam.
- **Raganu mokas vai greizsirdības bultas** — tiek izmantotas, lai izsmeltu garīgo un fizisko spēku.

Patiesi stāsti – cīņas tumsā
Elena no Spānijas
Elenai tika diagnosticēta vilkēde pēc ilgstošām vardarbīgām attiecībām, kas viņu emocionāli salauza. Terapijas un lūgšanas laikā atklājās, ka viņa bija internalizējusi naidu, ticot, ka ir bezvērtīga. Kad viņa sāka sev piedot un stāties pretī dvēseles brūcēm ar Rakstu palīdzību, viņas uzliesmojumi krasi mazinājās. Viņa liecina par Vārda dziedinošo spēku un dvēseles attīrīšanu.

Džeimss no ASV
Džeimss, mērķtiecīgs korporatīvais vadītājs, sabruka pēc 20 gadu nepārtraukta stresa pēc CFS. Atbrīvošanas laikā atklājās, ka viņa ģimenes vīriešus mocīja paaudžu ilga cīņa bez atpūtas. Viņš uzsāka sabata, lūgšanu un grēksūdzes laiku un atrada ne tikai veselības, bet arī identitātes atjaunošanos.

Rīcības plāns – dvēseles un imūnsistēmas dziedināšana

1. **lūdziet Psalmu 103:1-5** — īpaši 3.–5. pantu.
2. **Uzskaiti savus iekšējos uzskatus** — ko tu sev saki? Lauzi melus.
3. **Piedod dziļi** — īpaši sev.
4. **Pieņemiet Svēto Vakarēdienu**, lai atjaunotu miesas derību — skatīt Jesajas 53. nodaļu.
5. **Atpūta Dievā** — Sabats nav izvēles iespēja, tā ir garīga cīņa pret izdegšanu.

Es apliecinu, ka mans ķermenis nav mans ienaidnieks. Katrai manai šūnai jāsaskaņojas ar dievišķo kārtību un mieru. Es saņemu Dieva spēku un dziedināšanu.

Grupas pieteikums

- Lieciet dalībniekiem dalīties noguruma paradumos vai emocionālā

izsīkuma gaismā, ko viņi slēpj.
- Veiciet "dvēseles izgāšanas" vingrinājumu — pierakstiet nastas un pēc tam simboliski sadedziniet vai apglabājiet tās.
- Uzlieciet rokas tiem, kas cieš no autoimūniem simptomiem; iedvesmojiet līdzsvaru un mieru.
- Mudiniet 7 dienu emocionālo izraisītāju un dziedinošo Svēto Rakstu vietu pierakstīšanu dienasgrāmatā.

Kalpošanas rīki:

- Ēteriskās eļļas vai smaržīgas svaidīšanas līdzekļa atsvaidzināšanai
- Žurnāli vai piezīmju bloki
- 23. psalma meditācijas skaņu celiņš

Galvenā atziņa
Tas, kas uzbrūk dvēselei, bieži izpaužas ķermenī. Dziedināšanai ir jāplūst no iekšienes uz āru.

Pārdomu žurnāls

- Vai es jūtos droši savā ķermenī un domās?
- Vai es cenšos slēpt kaunu vai vainu par pagātnes neveiksmēm vai traumām?
- Ko es varu darīt, lai sāktu godāt atpūtu un mieru kā garīgas prakses?

Atjaunošanas lūgšana
Kungs Jēzu, Tu esi mans Dziedinātājs. Šodien es noraidu visus melus, ka esmu salauzts, netīrs vai lemts neveiksmei. Es piedodu sev un citiem. Es svētīju katru šūnu savā ķermenī. Es saņemu mieru savā dvēselē un harmoniju savā imūnsistēmā. Ar Tavām brūcēm esmu dziedināts. Āmen.

12. DIENA: EPILEPSIJA UN GARĪGAS MOKĀS — KAD PRĀTS KĻŪST PAR KAUGAS LAUKU

"*Kungs, apžēlojies par manu dēlu, jo viņš ir mēnessērdzīgs un ļoti mokās, jo bieži viņš krīt ugunī un bieži ūdenī.*" — Mateja 17:15
"*Dievs mums nav devis bailības garu, bet spēka, mīlestības un saprāta garu.*" — 2. Timotejam 1:7

Dažas kaites nav tikai medicīniskas — tās ir garīgi kaujas lauki, kas maskējas kā slimība.

Epilepsijai, krampjiem, šizofrēnijai, bipolāriem traucējumiem un moku modeļiem prātā bieži vien ir neredzamas saknes. Lai gan medikamentiem ir sava vieta, izšķiroša nozīme ir spriestspējai. Daudzos Bībeles aprakstos krampji un garīgi uzbrukumi bija dēmoniskas apspiešanas rezultāts.

Mūsdienu sabiedrība apreibinoši ietekmē to, ko Jēzus bieži vien *izraidīja* .

Globālā realitāte

- **Āfrika** — krampji bieži tiek piedēvēti lāstiem vai senču gariem.
- **Āzija** — epileptiķi bieži tiek slēpti kauna un garīgas stigmas dēļ.
- **Latīņamerika** — šizofrēnija, kas saistīta ar paaudžu burvestībām vai pārtrauktām aicinājumiem.
- **Eiropa un Ziemeļamerika** — Pārmērīga diagnozes noteikšana un pārmērīga medikamentu lietošana bieži vien maskē dēmoniskus pamatcēloņus.

Īsti stāsti – Atbrīvošanās ugunī
Musa no Nigērijas ziemeļiem

Musam kopš bērnības bija epilepsijas lēkmes. Viņa ģimene izmēģināja visu — sākot ar vietējiem ārstiem un beidzot ar baznīcas lūgšanām. Kādu dienu atbrīvošanas dievkalpojuma laikā Gars atklāja, ka Musas vectēvs viņu bija piedāvājis burvestību apmaiņā. Pēc derības laušanas un viņa svaidīšanas viņam vairs nebija epilepsijas lēkmju.

Daniels no Peru

Danielam tika diagnosticēti bipolāri afektīvi traucējumi, un viņam bija jācīnās ar vardarbīgiem sapņiem un balsīm. Vēlāk viņš atklāja, ka viņa tēvs kalnos bija iesaistījies slepenos sātaniskos rituālos. Atbrīvošanas lūgšanas un trīs dienu gavēnis nesa skaidrību. Balsis apklusa. Šodien Daniels ir mierīgs, atjaunojies un gatavojas kalpošanai.

Pazīmes, kas jāuzmana

- Atkārtotas krampju epizodes bez zināma neiroloģiska iemesla.
- Balsis, halucinācijas, vardarbīgas vai pašnāvnieciskas domas.
- Laika vai atmiņas zudums, neizskaidrojamas bailes vai fiziskas lēkmes lūgšanas laikā.
- Ģimenes neprātības vai pašnāvības modeļi.

Rīcības plāns – Pārņemt varu pār prātu

1. **Nožēlojiet visas zināmās okultās saites, traumas vai lāstus.**
2. **Katru dienu uzliec rokas uz galvas, apliecinot veselo saprātu (2. Timotejam 1:7).**
3. **Gavējiet un lūdziet Dievu par prātu saistošiem gariem.**
4. **Lauzt senču zvērestus, veltījumus vai asinslīnijas lāstus.**
5. **Ja iespējams, pievienojieties spēcīgam lūgšanu partnerim vai atbrīvošanas komandai.**

Es noraidu katru moku, sagrābšanas un apjukuma garu. Jēzus vārdā es saņemu skaidru prātu un stabilas emocijas!

Grupas kalpošana un pieteikums

- Nosakiet garīgo slimību vai krampju ģimenes modeļus.
- Lūdziet Dievu par tiem, kas cieš — uzklājiet svaidāmo eļļu uz pieres.
- Lai aizlūgēji staigā pa istabu un pasludina: "Miers, klusējiet!" (Marka 4:39)
- Aiciniet tos, kurus tas skar, lauzt mutiskas vienošanās: "Es neesmu ārprātīgs. Esmu dziedināts un vesels."

Kalpošanas rīki:

- Svaidāmā eļļa
- Dziedināšanas deklarācijas kartītes
- Pielūgsmes mūzika, kas kalpo mieram un identitātei

Galvenā atziņa
Ne visas ciešanas ir tikai fiziskas. Dažas sakņojas senās derībās un dēmoniskos juridiskos pamatojumos, kas jārisina garīgi.

Pārdomu žurnāls

- Vai mani kādreiz ir mocījušas domas vai miegs?
- Vai ir kādas nedziedētas traumas vai garīgas durvis, kas man jāaizver?
- Kādu patiesību es varu sludināt katru dienu, lai nostiprinātu savu prātu Dieva Vārdā?

Veseluma lūgšana
Kungs Jēzu, Tu esi mana prāta Atjaunotājs. Es atsakos no katras derības, traumas vai dēmoniska gara, kas uzbrūk manām smadzenēm, emocijām un skaidrībai. Es saņemu dziedināšanu un skaidru prātu. Es apsolu, ka dzīvošu, nevis miršu. Es darbošos pilnā spēkā Jēzus vārdā. Āmen.

13. DIENA: BAILES GARS — NEREDZAMO MOKĀJUMU BŪRA SALAUCŠANA

"Jo Dievs mums nav devis bailības garu, bet gan spēka, mīlestības un savaldības garu." — 2. Timotejam 1:7
"Bailēm ir mokas..." — 1. Jāņa 4:18

Bailes nav tikai emocijas — tās var būt *gars*.

Tās čukst par neveiksmi, pirms tu sāc. Tās pastiprina noraidījumu. Tās paralizē mērķi. Tās paralizē tautas.

Daudzi atrodas neredzamos cietumos, ko radījušas bailes: bailes no nāves, neveiksmes, nabadzības, cilvēkiem, slimībām, garīgās cīņas un nezināmā.

Aiz daudzām panikas lēkmēm, panikas traucējumiem un iracionālām fobijām slēpjas garīgs uzdevums, kas sūtīts **neitralizēt likteņus**.

Globālās manifestācijas

- **Āfrika** – bailes, kas sakņojas paaudžu lāstos, senču atriebībā vai burvestību pretreakcijā.
- **Āzija** – kultūras kauns, karmiskās bailes, reinkarnācijas bažas.
- **Latīņamerika** – bailes no lāstiem, ciematu leģendām un garīgas atriebības.
- **Eiropa un Ziemeļamerika** – slēpta trauksme, diagnosticēti traucējumi, bailes no konfrontācijas, panākumiem vai noraidījuma – bieži vien garīgas, bet apzīmētas kā psiholoģiskas.

Īsti stāsti – Gara atmaskošana
Sāra no Kanādas

Gadiem ilgi Sāra nevarēja gulēt tumsā. Viņa vienmēr juta klātbūtni istabā. Ārsti to diagnosticēja kā trauksmi, taču nekāda ārstēšana nepalīdzēja.

Tiešsaistes atbrīvošanas sesijas laikā atklājās, ka bērnības bailes caur murgu un šausmu filmu pavēra durvis mokošam garam. Viņa nožēloja grēkus, atteicās no bailēm un pavēlēja tām aiziet. Tagad viņa guļ mierīgi.

Uche no Nigērijas
Uče tika aicināts sludināt, bet katru reizi, kad viņš nostājās cilvēku priekšā, viņš sastinga. Bailes bija nedabiskas — žņaudzošas, paralizējošas. Lūgšanā Dievs viņam parādīja lāsta vārdu, ko bija izteicis skolotājs, kurš bērnībā izsmēja viņa balsi. Šis vārds izveidoja garīgu ķēdi. Kad tā bija pārrauta, viņš sāka sludināt ar drosmi.

Rīcības plāns – baiļu pārvarēšana

1. **Atzīstiet jebkādas bailes vārdā** : "Es atsakos no bailēm no [_____] Jēzus vārdā."
2. **Katru dienu skaļi lasiet 27. psalmu un Jesajas grāmatas 41. nodaļu.**
3. **Pielūdz, līdz paniku nomaina miers.**
4. **Bēg no bailēm balstītiem medijiem — šausmu filmām, ziņām, tenkām.**
5. **Katru dienu paziņo** : "Man ir veselais saprāts. Es neesmu baiļu vergs."

Grupas pieteikums – kopienas izrāviens

- Pajautājiet grupas dalībniekiem: Kādas bailes jūs visvairāk ir paralizējušas?
- Sadalieties mazās grupās un vadiet **atteikšanās** un **aizstāšanas lūgšanas** (piemēram, bailes → drosme, nemiers → pārliecība).
- Lieciet katram cilvēkam pierakstīt vienu bailes apliecinājumu un sadedzināt to kā pravietisku aktu.
- Izmantojiet *svaidāmo eļļu* un *Svēto Rakstu grēksūdzes* vienu otrai pāri.

Kalpošanas rīki:

- Svaidāmā eļļa
- Svēto Rakstu deklarāciju kartītes
- Pielūgsmes dziesma: Betela dziesma "Vairs nevergi"

Galvenā atziņa
Paciestas bailes ir **aptraipīta ticība**.
Tu nevari būt drosmīgs un bailīgs vienlaikus – izvēlies drosmi.

Pārdomu žurnāls

- Kādas bailes mani ir pavadījušas kopš bērnības?
- Kā bailes ir ietekmējušas manus lēmumus, veselību vai attiecības?
- Ko es darītu citādāk, ja būtu pilnīgi brīvs?

Brīvības lūgšana no bailēm
Tēvs, es atsakos no baiļu gara. Es aizveru visas durvis caur traumu, vārdiem vai grēku, kas deva piekļuvi bailēm. Es saņemu spēka, mīlestības un veselā prāta Garu. Es pasludinu drosmi, mieru un uzvaru Jēzus vārdā. Bailēm vairs nav vietas manā dzīvē. Āmen.

14. DIENA: SĀTANISKAS ZĪMES — NESVĒTĀS ZĪMES DZĒŠANA

"*No šī brīža lai neviens mani vairs neapgrūtina, jo es savā miesā nesu Kunga Jēzus rētas.*" — Galatiešiem 6:17
"*Viņi liks manu vārdu uz Israēla bērniem, un es tos svētīšu.*" — 4. Mozus 6:27
daudzi likteņi ir klusībā *iezīmēti* — nevis Dieva, bet gan ienaidnieka.

Šīs sātaniskās zīmes var izpausties kā dīvainas ķermeņa zīmes, sapņi par tetovējumiem vai zīmogiem, traumatiska vardarbība, asins rituāli vai mantoti altāri. Dažas no tām ir neredzamas — tās var saskatīt tikai ar garīgu jutīgumu —, savukārt citas parādās kā fiziskas zīmes, dēmoniski tetovējumi, garīgi zīmogi vai pastāvīgas vājības.

Kad cilvēku iezīmē ienaidnieks, viņš var piedzīvot:

- Pastāvīga noraidīšana un naids bez iemesla.
- Atkārtoti garīgi uzbrukumi un bloķējumi.
- Priekšlaicīga nāve vai veselības krīzes noteiktā vecumā.
- Tiekot izsekotam garā — vienmēr redzams tumsai.

Šīs zīmes darbojas kā *likumīgas etiķetes*, dodot tumšajiem gariem atļauju mocīt, aizkavēt vai uzraudzīt.

Bet Jēzus asinis **šķīsta** un **no jauna apzīmē**.

Globālās izteiksmes

- **Āfrika** – cilšu zīmes, rituāli griezumi, okultas iesvētīšanas rētas.
- **Āzija** – garīgie zīmogi, senču simboli, karmiskās zīmes.
- **Latīņamerika** — Brujerijas (burvestību) iesvētīšanas zīmes, dzimšanas zīmes, ko izmanto rituālos.
- **Eiropa** – brīvmūrnieku emblēmas, tetovējumi, kas izsauc garu

pavadoņus.
- **Ziemeļamerika** – Jaunā laikmeta simboli, rituālu vardarbības tetovējumi, dēmoniska zīmoga iegravēšana, izmantojot okultas derības.

Reāli stāsti – zīmola maiņas spēks
Deivids no Ugandas

Dāvids pastāvīgi saskārās ar noraidījumu. Neviens nevarēja izskaidrot, kāpēc, neskatoties uz viņa talantu. Lūgšanā kāds pravietis uz pieres ieraudzīja "garīgu X" — zīmi no bērnības rituāla, ko veica ciema priesteris. Atbrīvošanas laikā zīme tika garīgi izdzēsta ar svaidāmās eļļas un Jēzus asiņu apliecinājumiem. Viņa dzīve mainījās dažu nedēļu laikā — viņš apprecējās, ieguva darbu un kļuva par jauniešu vadītāju.

Sandra no Brazīlijas

Sandrai bija pūķa tetovējums no viņas pusaudžu dumpības. Pēc tam, kad viņa bija atdevusi savu dzīvi Kristum, viņa pamanīja intensīvus garīgus uzbrukumus ikreiz, kad gavēja vai lūdza. Viņas mācītājs saprata, ka tetovējums ir dēmonisks simbols, kas saistīts ar garu uzraudzību. Pēc grēku nožēlas, lūgšanas un iekšējās dziedināšanas sesijas viņa lika noņemt tetovējumu un pārrāva dvēseles saiti. Viņas murgi nekavējoties apstājās.

Rīcības plāns – Izdzēsiet zīmi

1. **Lūdz Svēto Garu** atklāt jebkādas garīgas vai fiziskas iezīmes tavā dzīvē.
2. **Nožēlojiet** jebkādu personisku vai mantotu iesaistīšanos rituālos, kas viņiem to ļāva.
3. **Uzklājiet Jēzus asinis** uz sava ķermeņa — uz pieres, rokām, kājām.
4. ar zīmēm saistītās **uzraudzības garus, dvēseles saites un likumīgās tiesības (skatīt tālāk sniegtos Svēto Rakstu pantus)**.
5. **Noņemiet fiziskus tetovējumus vai priekšmetus** (kā norādīts), kas ir saistīti ar tumšajām derībām.

Grupas pieteikums – Pārveidošana Kristū

- Pajautājiet grupas dalībniekiem: Vai jums kādreiz ir bijusi zīmogošana

vai sapnis par to, ka jums tiks piešķirts zīmogs?
- **attīrīšanas un atkārtotas veltīšanās** Kristum lūgšanu.
- Svaidiet pieres ar eļļu un sakiet: *"Tagad jūs nesat Kunga Jēzus Kristus zīmi."*
- Atbrīvojieties no uzraugošajiem gariem un no jauna savienojiet viņu identitāti Kristū.

Kalpošanas rīki:

- Olīveļļa (svētīta svaidīšanai)
- Spogulis vai balts audums (simboliska mazgāšanas darbība)
- Komūnija (apzīmogo jauno identitāti)

Galvenā atziņa
Kas ir iezīmēts garā, ir **redzams garā** — noņemiet to, ko ienaidnieks izmantoja, lai jūs atzīmētu.

Pārdomu žurnāls

- Vai esmu kādreiz redzējis uz sava ķermeņa dīvainas zīmes, zilumus vai simbolus bez paskaidrojumiem?
- Vai ir kādi priekšmeti, pīrsingi vai tetovējumi, no kuriem man ir jāatsakās vai jānoņem?
- Vai esmu pilnībā no jauna veltījis savu ķermeni par Svētā Gara templi?

Pārzīmes maiņas lūgšana
Kungs Jēzu, es atsakos no katras zīmes, derības un veltījuma, kas noslēgts manā ķermenī vai garā ārpus Tavas gribas. Ar Tavām asinīm es dzēšu katru sātanisku zīmogu. Es paziņoju, ka esmu iezīmēts tikai Kristum. Lai Tavs īpašnieka zīmogs ir uz manis, un lai katrs uzraugošais gars tagad pazaudē manu ceļu. Es vairs neesmu redzams tumsai. Es staigāju brīvs - Jēzus vārdā, Āmen.

15. DIENA: SPOGUĻU VALSTĪBA — IZBĒGŠANA NO ATSPULGU CIETUMA

❝ *Tagad mēs redzam neskaidri kā spogulī, bet tad vaigu vaigā..."* — 1. korintiešiem 13:12

"Tiem ir acis, bet tie neredz, ausis, bet tie nedzird..." — Psalms 115:5–6

pastāv **spoguļu valstība** — *viltotu identitāšu , garīgu manipulāciju un tumšu atspulgu* vieta . Tas, ko daudzi redz sapņos vai vīzijās, var būt nevis Dieva spoguļi, bet gan maldināšanas rīki no tumšās valstības.

Okultismā spoguļus izmanto, lai **notvertu dvēseles** , **uzraudzītu dzīves** vai **pārnestu personības** . Dažās atbrīvošanas sesijās cilvēki ziņo, ka redz sevi "dzīvojam" citā vietā — spoguļa iekšpusē, uz ekrāna vai aiz garīga plīvura. Tās nav halucinācijas. Tie bieži vien ir sātaniski cietumi, kas paredzēti, lai:

- Sadrumstalot dvēseli
- Kavēšanās liktenis
- Sajaukt identitāti
- Uzņemiet alternatīvas garīgās laika līnijas

Mērķis? Radīt *viltus* sevis versiju, kas dzīvo dēmoniskā kontrolē, kamēr tava īstā būtība dzīvo apjukumā vai sakāvē.

Globālās izteiksmes

- **Āfrika** – spoguļburvestība, ko burvji izmanto, lai novērotu, notvertu slazdus vai uzbruktu.
- **Āzija** — šamaņi izmanto bļodas ar ūdeni vai pulētus akmeņus, lai "redzētu" un izsauktu garus.
- **Eiropa** – melnā spoguļa rituāli, nekromantija caur atspulgiem.
- **Latīņamerika** — lūkošanās caur obsidiāna spoguļiem acteku

tradīcijās.
- **Ziemeļamerika** — Jaunā laikmeta spoguļportāli, spoguļskatīšanās astrālajiem ceļojumiem.

Liecība — "Meitene spogulī"
Marija no Filipīnām

Marija sapņoja par iesprostotu istabā, kas pilna ar spoguļiem. Katru reizi, kad viņa guva panākumus dzīvē, viņa spogulī ieraudzīja savu versiju, kas viņu velk atpakaļ. Kādu nakti atbrīvošanas laikā viņa kliedza un aprakstīja, kā redzēja sevi "iznākam no spoguļa" brīvībā. Viņas mācītājs iesvaidīja viņas acis un vadīja viņu atteikšanās no spoguļa manipulācijām. Kopš tā laika viņas garīgā skaidrība, bizness un ģimenes dzīve ir mainījusies.

Deivids no Skotijas

Deivids, reiz dziļi iegrimis jaunā laikmeta meditācijā, praktizēja "spoguļēnu darbu". Laika gaitā viņš sāka dzirdēt balsis un redzēt sevi darām lietas, ko nekad nebija iecerējis. Pēc Kristus pieņemšanas atbrīvošanas kalpotājs pārrāva spoguļa dvēseles saites un lūdza Dievu par viņa prātu. Deivids ziņoja, ka pirmo reizi gadu laikā juties kā "migla izklīdusi".

Rīcības plāns – Pārraut spoguļa burvestību

1. **Atsakieties** no jebkādas zināmas vai nezināmas saistības ar garīgi izmantotiem spoguļiem.
2. Lūgšanas vai gavēņa laikā (ja tas tiek darīts) **pārklājiet visus spoguļus savās mājās ar audumu.**
3. **Iesvaidi savas acis un pieri** — pasludini, ka tagad redzi tikai to, ko redz Dievs.
4. **Izmantojiet Svētos Rakstus**, lai pasludinātu savu identitāti Kristū, nevis nepatiesās pārdomās:
    - *Jesajas 43:1*
    - *2. korintiešiem 5:17*
    - *Jāņa 8:36*

GRUPAS PIETEIKUMS – identitātes atjaunošana

- Pajautājiet: Vai jums kādreiz ir bijuši sapņi ar spoguļiem, dubultniekiem vai to, ka jūs kāds novēro?
- Vadi identitātes atjaunošanas lūgšanu — pasludinot brīvību no viltus sevis versijām.
- Uzlieciet rokas uz acīm (simboliski vai lūgšanā) un lūdziet par redzes skaidrību.
- Grupā izmantojiet spoguli, lai pravietiski paziņotu: *"Es esmu tas, ko Dievs mani saka. Nekas cits."*

Kalpošanas rīki:

- Balts audums (apsedzot simbolus)
- Olīveļļa svaidīšanai
- Pravietiskā spoguļa deklarācijas ceļvedis

Galvenā atziņa
Ienaidniekam patīk sagrozīt jūsu pašapziņu, jo jūsu identitāte ir jūsu piekļuves punkts liktenim.

Pārdomu žurnāls

- Vai esmu ticējis meliem par to, kas es esmu?
- Vai esmu kādreiz piedalījies spoguļrituālos vai neapzināti pieļāvis spoguļburvestības?
- Ko Dievs saka par to, kas es esmu?

Brīvības lūgšana no Spoguļu valstības
Debesu Tēvs, es laužu katru derību ar spoguļu valstību — katru tumšo atspulgu, garīgo dubultnieku un viltotu laika skalu. Es atsakos no visām viltus identitātēm. Es pasludinu, ka esmu tas, ko Tu saki. Ar Jēzus asinīm es izeju no atspulgu cietuma un nonāku sava mērķa pilnībā. No šodienas es redzu ar Gara acīm — patiesībā un skaidrībā. Jēzus vārdā, Āmen.

16. DIENA: VĀRDU LĀSTU SARAUTŠANA — SAVA VĀRDA, SAVAS NĀKOTNES ATGŪŠANA

"*Nāve un dzīvība ir mēles varā...*" — Salamana Pamācības 18:21
"*Neviens ierocis, kas vērsts pret tevi, neizdosies, un ikvienu mēli, kas uzcelsies tiesā pret tevi, tu pazudināsi kā netaisnīgu liecinieku...*" — Jesajas 54:17

Vārdi nav tikai skaņas — tie ir **garīgi konteineri**, kas nes spēku svētīt vai saistīt. Daudzi cilvēki neapzināti staigā zem **lāstu svara, ko** viņiem uzliek vecāki, skolotāji, garīgie līderi, bijušie mīļotie vai pat viņu pašu mutes.

Daži jau ir dzirdējuši šos vārdus:

- "Tu nekad neko nesasniegsi."
- "Tu esi tieši tāds pats kā tavs tēvs — nekam nederīgs."
- "Viss, kam pieskaries, neizdodas."
- "Ja es tevi nevaru dabūt, neviens to nedarīs."
- "Tu esi nolādēts... skaties un redzēsi."

Šādi vārdi, reiz izteikti dusmās, naidā vai bailēs — īpaši, ja tos izsaka kāda autoritāte —, var kļūt par garīgiem slazdiem. Pat paši izrunāti lāsti, piemēram, "*Kaut es nekad nebūtu piedzimis*" vai "*Es nekad neapprecēšos*", var dot ienaidniekam juridisku pamatu.

Globālās izteiksmes

- **Āfrika** – cilšu lāsti, vecāku lāsti par sacelšanos, tirgus laukuma lāsti.
- **Āzija** – uz karmu balstīti vārdu apliecinājumi, senču solījumi, kas teikti par bērniem.
- **Latīņamerika** — Brujerijas (burvestību) lāsti, ko aktivizē runāts vārds.

- **Eiropa** – runāti lāsti, ģimenes "pareģojumi", kas piepildās paši.
- **Ziemeļamerika** – verbāla vardarbība, okultas dziedāšanas, sevis naida apliecinājumi.

Neatkarīgi no tā, vai lāsti tiek čukstēti vai kliegti, ar emocijām un ticību izteiktiem lāstiem ir svars garā.

Liecība — "Kad mana māte runāja par nāvi"
Keiša (Jamaika)
Keiša uzauga, dzirdot savu māti sakām: *"Tu esi iemesls, kāpēc mana dzīve ir sagrauta."* Katru dzimšanas dienu notika kaut kas slikts. 21 gada vecumā viņa mēģināja izdarīt pašnāvību, pārliecināta, ka viņas dzīvībai nav nekādas vērtības. Atbrīvošanas dievkalpojuma laikā mācītājs jautāja: *"Kas teica nāvi par tavu dzīvi?"* Viņa salūza. Pēc tam, kad viņa atteicās no šiem vārdiem un atlaida piedošanu, viņa beidzot piedzīvoja prieku. Tagad viņa māca jaunām meitenēm, kā teikt dzīvību par sevi.

Andrejs (Rumānija)
Andreja skolotājs reiz teica: *"Tu nonāksi cietumā vai nomirsi pirms 25 gadu vecuma."* Šis apgalvojums viņu vajāja. Viņš izdarīja noziegumu un 24 gadu vecumā tika arestēts. Cietumā viņš satika Kristu un saprata lāstu, ar kuru bija piekritis. Viņš uzrakstīja skolotājam piedošanas vēstuli, saplēsa visus melus, kas bija pār viņu runāti, un sāka sludināt Dieva apsolījumus. Tagad viņš vada cietuma evaņģelizācijas kalpošanu.

Rīcības plāns – Atcelt lāstu

1. Pierakstiet negatīvus apgalvojumus, ko citi vai jūs pats esat izteikuši sev pāri.
2. Lūgšanā **atsakieties no katra vārda "lāsts"** (saki to skaļi).
3. **Atlaid piedošanu** personai, kas to teica.
4. **Runājiet Dieva patiesību** pār sevi, lai lāstu aizstātu ar svētību:
   - *Jeremijas 29:11*
   - *5. Mozus 28:13*
   - *Romiešiem 8:37*
   - *Psalms 139:14*

Grupas pieteikums – vārdu spēks

- Pajautājiet: Kādi apgalvojumi ir veidojuši jūsu identitāti — labu vai sliktu?
- Grupās skaļi (iejūtīgi) pārtrauciet lāstus un to vietā izrunājiet svētības.
- Izmantojiet Svēto Rakstu kartītes — katrs cilvēks skaļi nolasa 3 patiesības par savu identitāti.
- Mudiniet dalībniekus sākt 7 dienu *svētības dekrētu* pār sevi.

Kalpošanas rīki:

- Kartītes ar Svēto Rakstu identitāti
- Olīveļļa mutes svaidīšanai (runas svētīšana)
- Spoguļa deklarācijas — katru dienu saki patiesību pār savu atspulgu

Galvenā atziņa
Ja lāsts ir izteikts, to var lauzt — un tā vietā var teikt jaunu dzīvības vārdu.
Pārdomu žurnāls

- Kura vārdi ir veidojuši manu identitāti?
- Vai esmu sevi nolādējis baiļu, dusmu vai kauna dēļ?
- Ko Dievs saka par manu nākotni?

Lūgšana, lai lauztu vārdu lāstus
Kungs Jēzu , es atsakos no katra lāsta, ko esmu teicis manā dzīvē – no ģimenes, draugiem, skolotājiem, mīļotajiem un pat no sevis paša. Es piedodu katrai balsij, kas pasludina neveiksmi, noraidījumu vai nāvi. Es tagad salaužu šo vārdu spēku Jēzus vārdā. Es paužu svētību, labvēlību un likteni pār savu dzīvi. Es esmu tas, ko Tu saki – mīlēts, izredzēts, dziedināts un brīvs. Jēzus vārdā. Āmen.

17. DIENA: ATBRĪVOŠANA NO KONTROLES UN MANIPULĀCIJAS

"*Burvestība ne vienmēr ir tērpi un katli — dažreiz tā ir vārdi, emocijas un neredzamas pavadas.*"
"**Jo nepaklausība ir kā burvestības grēks, un spītība ir kā netaisnība un elku pielūgsme.**"
— *1. Samuēla 15:23*

Burvestības nav sastopamas tikai svētnīcās. Tās bieži vien izpaužas smaidot un manipulējot ar vainas apziņu, draudiem, glaimiem vai bailēm. Bībele sacelšanos — īpaši tādu, kas bezdievīgi īsteno kontroli pār citiem — pielīdzina burvestībām. Ikreiz, kad mēs izmantojam emocionālu, psiholoģisku vai garīgu spiedienu, lai dominētu pār cita gribu, mēs atrodamies bīstamā teritorijā.

Globālās manifestācijas

- **Āfrika** – Mātes dusmās nolād bērnus, mīļotāji sasien citus ar "juju" jeb mīlas dziru palīdzību, garīgie līderi iebiedē sekotājus.
- **Āzija** – Guru kontrole pār mācekļiem, vecāku šantāža sarunātās laulībās, enerģijas auklu manipulācijas.
- **Eiropa** – brīvmūrnieku zvēresti, kas kontrolē paaudžu uzvedību, reliģisko vainas apziņu un dominēšanu.
- **Latīņamerika** — Brujería (burvestība), ko izmantoja, lai noturētu partnerus, emocionāla šantāža, kas sakņojas ģimenes lāsts.
- **Ziemeļamerika** – narcistiska audzināšana, manipulatīva vadība, kas maskēta kā "garīgs aizsegs", uz bailēm balstīta pravietojums.

Raganas balss bieži čukst: *"Ja tu to nedarīsi, tu mani zaudēsi, zaudēsi Dieva labvēlību vai cietīsi."*

Bet patiesa mīlestība nekad nemanipulē. Dieva balss vienmēr sniedz mieru, skaidrību un izvēles brīvību.

Īsts stāsts — neredzamās pavadas pārraušana

Greisa no Kanādas bija dziļi iesaistīta pravietiskā kalpošanā, kur vadītājs sāka diktēt, ar ko viņa drīkst iet uz randiņiem, kur viņa drīkst dzīvot un pat kā lūgt. Sākumā tas šķita garīgi, bet laika gaitā viņa jutās kā viņa viedokļu gūstekne. Ikreiz, kad viņa mēģināja pieņemt patstāvīgu lēmumu, viņai tika teikts, ka viņa "saceļas pret Dievu". Pēc nervu sabrukuma un grāmatas " *Greater Exploits"* 14 *izlasīšanas* viņa saprata, ka tā ir harizmātiska burvestība — kontrole, kas maskējas kā pravietojums.

Greisa atteicās no dvēseles saites ar savu garīgo vadītāju, nožēloja savu piekrišanu manipulācijām un pievienojās vietējai kopienai, lai dziedinātos. Šodien viņa ir vesela un palīdz citiem atbrīvoties no reliģiskas vardarbības.

Rīcības plāns — burvestību atpazīšana attiecībās

1. Pajautājiet sev: *vai es jūtos brīvi šī cilvēka klātbūtnē, vai baidos viņu pievilt?*
2. Uzskaitiet attiecības, kurās vainas apziņa, draudi vai glaimi tiek izmantoti kā kontroles rīki.
3. Atsakies no visām emocionālajām, garīgajām vai dvēseliskajām saitēm, kas liek tev justies dominētam vai bezbalsīgam.
4. Skaļi lūdzieties, lai sarautu visas manipulatīvās pavadas savā dzīvē.

Svēto Rakstu rīki

- **1. Samuēla 15:23** – Sacelšanās un burvestības
- **Galatiešiem 5:1** – "Stāviet stingri... neļaujiet sev atkal iejūgties verdzības jūgā."
- **2. korintiešiem 3:17** — "Kur ir Tā Kunga Gars, tur ir brīvība."
- **Mihas 3:5–7** – Viltus pravieši izmanto iebiedēšanu un kukuļošanu

Grupas diskusija un pieteikšanās

- Pastāstiet (anonīmi, ja nepieciešams) par reizi, kad jutāties garīgi vai emocionāli manipulēts.

- Izspēlējiet lomu spēli, kurā paužot patiesību, tiek atbrīvota kontrole pār citiem un atgūta sava griba.
- Lieciet dalībniekiem uzrakstīt vēstules (īstas vai simboliskas), kurās pārtrauc saites ar kontrolējošām personām un pasludina brīvību Kristū.

Kalpošanas rīki:

- Pāru piegādes partneri.
- Izmantojiet svaidāmo eļļu, lai pasludinātu brīvību pār prātu un gribu.
- Izmantojiet Svēto Vakarēdienu, lai atjaunotu derību ar Kristu kā *vienīgo patieso aizsegu*.

Galvenā atziņa
Kur mīt manipulācijas, tur zeļ burvestības. Bet kur ir Dieva Gars, tur ir brīvība.

Pārdomu žurnāls

- Kam vai kam esmu ļāvis kontrolēt savu balsi, gribu vai virzienu?
- Vai esmu kādreiz izmantojis bailes vai glaimus, lai panāktu savu?
- Kādus soļus es šodien speršu, lai dzīvotu Kristus brīvībā?

Atbrīvošanas lūgšana
Debesu Tēvs, es atsakos no jebkādas emocionālas, garīgas un psiholoģiskas manipulācijas formas, kas darbojas manī vai ap mani. Es pārrauju visas dvēseles saites, kas sakņojas bailēs, vainas apziņā un kontrolē. Es atbrīvojos no dumpja, dominēšanas un iebiedēšanas. Es apliecinu, ka mani vada tikai Tavs Gars. Es saņemu žēlastību staigāt mīlestībā, patiesībā un brīvībā. Jēzus vārdā. Āmen.

18. DIENA: NEPIEDOŠANAS UN RŪGTUMA SPĒKA SALAUCŠANA

"*Nepiedošana ir kā dzert indi un gaidīt, ka otrs cilvēks nomirs.*"
"**Uzmaniet, lai kāda rūgta sakne neizaug un nerada nemieru un daudzus apgāna.**"
— *Ebrejiem 12:15*

Rūgtums ir kluss iznīcinātājs. Tas var sākties ar sāpēm – nodevību, meliem, zaudējumu –, bet, ja to nekontrolē, tas pāraug nepiedošanā un visbeidzot saknē, kas visu saindē.

Nepiedošana atver durvis mokošiem gariem (Mateja 18:34). Tā aptumšo spriestspēju, kavē dziedināšanu, apslāpē lūgšanas un bloķē Dieva spēka plūsmu.

Atbrīvošana nav tikai dēmonu izdzīšana — tā ir atbrīvošana no tā, ko esi turējis sevī.

GLOBĀLAS RŪGTUMA IZPAUSMES

- **Āfrika** – Cilšu kari, politiskā vardarbība un ģimenes nodevības tiek nodotas no paaudzes paaudzē.
- **Āzija** – negods starp vecākiem un bērniem, uz kastu pamata gūtas brūces, reliģiska nodevība.
- **Eiropa** – Paaudžu klusēšana par vardarbību, rūgtums par šķiršanos vai neuzticību.
- **Latīņamerika** – korumpētu institūciju, ģimenes noraidījumu un garīgu manipulāciju radītas brūces.
- **Ziemeļamerika** – baznīcas traumas, rasu traumas, prombūtnē esoši tēvi, netaisnība darba vietā.

Rūgtums ne vienmēr kliedz. Dažreiz tas čukst: "Es nekad neaizmirsīšu, ko viņi izdarīja."

Bet Dievs saka: *atlaid to — nevis tāpēc, ka viņi to ir pelnījuši, bet gan tāpēc, ka **tu** to esi pelnījis.*

Patiess stāsts — Sieviete, kas nepiedotu

Marijai no Brazīlijas bija 45 gadi, kad viņa pirmo reizi ieradās pēc atbrīvošanas. Katru nakti viņa sapņoja, ka viņu nožņaudz. Viņai bija čūlas, paaugstināts asinsspiediens un depresija. Seansa laikā atklājās, ka viņa bija lolojusi naidu pret savu tēvu, kurš viņu bērnībā ļaunprātīgi izmantoja un vēlāk pameta ģimeni.

Viņa bija kļuvusi par kristieti, bet nekad viņam nebija piedevusi.

Kamēr viņa raudāja un atlaida viņu Dieva priekšā, viņas ķermenis sarāvās — kaut kas salūza. Tajā naktī viņa pirmo reizi 20 gadu laikā mierīgi gulēja. Divus mēnešus vēlāk viņas veselība sāka ievērojami uzlaboties. Tagad viņa dalās savā stāstā kā dziedināšanas koučs sievietēm.

Rīcības plāns — rūgtās saknes izraušana

1. **Nosauc to vārdā** – pieraksti to cilvēku vārdus, kas tevi sāpinājuši — pat sevi pašu vai Dievu (ja slepeni esi uz Viņu dusmojies).
2. **Atlaid to** – Saki skaļi: *"Es izvēlos piedot [vārds] par [konkrētu aizvainojumu]. Es to atlaižu un atbrīvoju sevi."*
3. **Sadedzini to** – ja to var droši izdarīt, sadedzini vai saplēs papīru kā pravietisku atbrīvošanas aktu.
4. **Lūdziet svētību** pār tiem, kas jums ir nodarījuši pāri — pat ja jūsu emocijas pretojas. Tā ir garīgā cīņa.

Svēto Rakstu rīki

- *Mateja 18:21–35* – Līdzība par nepiedodošo kalpu
- *Ebrejiem 12:15* – Rūgtās saknes daudzus apgāna
- *Marka 11:25* – Piedodiet, lai jūsu lūgšanas netiktu kavētas.
- *Romiešiem 12:19–21* – Atstājiet atriebību Dieva ziņā

GRUPAS PIETEIKUMS UN kalpošana

- Palūdziet katram cilvēkam (privāti vai rakstiski) nosaukt kādu cilvēku, kuram viņam ir grūti piedot.
- Sadalieties lūgšanu komandās, lai izietu cauri piedošanas procesam, izmantojot zemāk esošo lūgšanu.
- Vadīt pravietisku "dedzināšanas ceremoniju", kurā rakstiski apvainojumi tiek iznīcināti un aizstāti ar dziedināšanas deklarācijām.

Kalpošanas rīki:

- Piedošanas deklarācijas kartītes
- Maiga instrumentālā mūzika vai dievkalpojums
- Prieka eļļa (svaidīšanai pēc atbrīvošanas)

Galvenā atziņa

Nepiedošana ir vārti, ko ienaidnieks izmanto. Piedošana ir zobens, kas pārcērt verdzības saites.

Pārdomu žurnāls

- Kam man šodien jāpiedod?
- Vai esmu sev piedevis — vai arī sodu sevi par pagātnes kļūdām?
- Vai es ticu, ka Dievs var atjaunot to, ko esmu zaudējis nodevības vai aizvainojuma dēļ?

Atbrīvošanas lūgšana

Kungs Jēzu, es nāku Tavā priekšā ar savām sāpēm, dusmām un atmiņām. Šodien es izvēlos – ticībā – piedot ikvienam, kas mani ir sāpinājis, apvainojis, nodevis vai noraidījis. Es viņus atlaižu. Es atbrīvoju viņus no nosodījuma un atbrīvoju sevi no rūgtuma. Es lūdzu Tevi dziedēt katru brūci un piepildīt mani ar Tavu mieru. Jēzus vārdā. Āmen.

19. DIENA: DZIEDINĀŠANA NO KAUNA UN NOSODĪJUMA

"***K**auns saka: "Es esmu slikts." Nosodījums saka: "Es nekad nebūšu brīvs." Bet Jēzus saka: "Tu esi Mans, un Es tevi esmu radījis jaunu.""*
"**Kas uz Viņu raugās, staro, viņu sejas nekad nav kauna pilnas.**"
— *Psalms 34:5*

Kauns nav tikai sajūta — tā ir ienaidnieka stratēģija. Tas ir apmetnis, ar kuru viņš aptin tos, kas ir krituši, cietuši neveiksmi vai tikuši pazemoti. Tas saka: "Tu nevari tuvoties Dievam. Tu esi pārāk netīrs. Pārāk ievainots. Pārāk vainīgs."

Bet nosodījums ir **meli** — jo Kristū **nav nosodījuma** (Romiešiem 8:1).

Daudzi cilvēki, kas meklē atbrīvošanu, paliek iestrēguši, jo uzskata, ka nav **brīvības cienīgi**. Viņi nēsā vainas apziņu kā nozīmīti un atkārto savas sliktākās kļūdas kā salauztu plati.

Jēzus samaksāja ne tikai par taviem grēkiem — Viņš samaksāja par tavu kaunu.

Globālās kauna sejas

- **Āfrika** – kultūras tabu saistībā ar izvarošanu, neauglību, bezbērnu dzīvi vai nespēju apprecēties.
- **Āzija** — uz negodu balstīts kauns ģimenes cerību vai reliģiskas atkrišanas dēļ.
- **Latīņamerika** — vainas apziņa par abortiem, iesaistīšanos okultās darbībās vai ģimenes apkaunojumu.
- **Eiropa** – Slēpts kauns par slepeniem grēkiem, vardarbību vai garīgās veselības problēmām.
- **Ziemeļamerika** — kauns no atkarības, šķiršanās, pornogrāfijas vai identitātes apjukuma.

Kauns zeļ klusumā, bet mirst Dieva mīlestības gaismā.

Patiess stāsts — jauns vārds pēc aborta

Jasmīna no ASV pirms nonākšanas pie Kristus veica trīs abortus. Lai gan viņa bija glābta, viņa nespēja sev piedot. Katra Mātes diena šķita kā lāsts. Kad cilvēki runāja par bērniem vai vecāku lomu, viņa jutās neredzama – un, vēl ļaunāk, nevērtīga.

Sieviešu rekolekciju laikā viņa dzirdēja vēstījumu par Jesajas grāmatas 61. nodaļu — "kauna vietā dubulta daļa". Viņa raudāja. Tajā naktī viņa rakstīja vēstules saviem nedzimušajiem bērniem, atkal nožēloja grēkus Tā Kunga priekšā un saņēma vīziju, kurā Jēzus viņai deva jaunus vārdus: *"Mīļotā", "Māte", "Atjaunotā"*.

Tagad viņa kalpo sievietēm pēc aborta un palīdz viņām atgūt savu identitāti Kristū.

Rīcības plāns — izkāpiet no ēnas

1. **Nosauc kaunu** – Pieraksti dienasgrāmatā to, ko esi slēpis vai par ko esi juties vainīgs.
2. **Atzīstiet melus** – pierakstiet apsūdzības, kurām esat ticējis (piemēram, "Esmu netīrs", "Esmu diskvalificēts").
3. **Aizvieto ar Patiesību** – Skaļi pasludini Dieva Vārdu pār sevi (skatīt Rakstu vietas zemāk).
4. **Pravietiska rīcība** – uzrakstiet uz papīra lapas vārdu "KAUNS", tad saplēsiet vai sadedziniet to. Paziņojiet: *"Es vairs neesmu ar to saistīts!"*

Svēto Rakstu rīki

- *Romiešiem 8:1–2* – Kristū nav pazudināšanas
- *Jesajas 61:7* – Divkārša daļa par kaunu
- *Psalms 34:5* – Starojums Viņa klātbūtnē
- *Ebrejiem 4:16* – Droša pieeja Dieva tronim
- *Cefanjas 3:19–20* – Dievs atbrīvo tautu no kauna

Grupas pieteikums un kalpošana

- Aiciniet dalībniekus uzrakstīt anonīmus kauna apgalvojumus (piemēram, "Man bija aborts", "Mani ļaunprātīgi izmantoja", "Es izdarīju krāpšanu") un ievietot tos aizzīmogotā kastē.
- Skaļi izlasi Jesajas grāmatas 61. nodaļu un tad vadi apmaiņas lūgšanu — sēras prieka vietā, pelni skaistuma vietā, kauns goda vietā.
- Atskaņojiet pielūgsmes mūziku, kas uzsver identitāti Kristū.
- Runājiet pravietiskus vārdus par cilvēkiem, kuri ir gatavi atlaist.

Kalpošanas rīki:

- Personas apliecības
- Svaidāmā eļļa
- Pielūgsmes atskaņošanas saraksts ar tādām dziesmām kā "You Say" (Lauren Daigle), "No Longer Slaves" vai "Who You Say I Am"

Galvenā atziņa
Kauns ir zaglis. Tas nozog jūsu balsi, jūsu prieku un jūsu autoritāti. Jēzus ne tikai piedeva jūsu grēkus — Viņš atņēma kaunam tā spēku.

Pārdomu žurnāls

- Kāda ir agrākā kauna atmiņa, ko varu atcerēties?
- Kādiem meliem es esmu ticējis par sevi?
- Vai esmu gatavs redzēt sevi tādu, kādu mani redz Dievs — tīru, starojošu un izredzētu?

Dziedināšanas lūgšana
Kungs Jēzu, es Tev nesu savu kaunu, savas slēptās sāpes un visas nosodījuma balsis. Es nožēloju, ka piekrītu ienaidnieka meliem par to, kas es esmu. Es izvēlos ticēt tam, ko Tu saki – ka man ir piedots, ka esmu mīlēts un atjaunots. Es saņemu Tavu taisnības tērpu un ieeju brīvībā. Es izeju no kauna un ieeju Tavā godībā. Jēzus vārdā, Āmen.

20. DIENA: MĀJAS RAGANAS — KAD ZEM VIENA JUMTA DZĪVO TUMSA

"**N**e katrs ienaidnieks ir ārpusē. Daži valkā pazīstamas sejas.*"
"Cilvēka ienaidnieki būs viņa paša mājas ļaudis."
— Mateja 10:36

Dažas no sīvākajām garīgajām cīņām nenotiek mežos vai svētnīcās, bet gan guļamistabās, virtuvēs un ģimenes altāros.

Mājas burvestības attiecas uz dēmoniskām darbībām, kas rodas ģimenē — vecākiem, laulātajiem, brāļiem un māsām, mājas darbiniekiem vai plašiem radiniekiem — caur skaudību, okultām praksēm, senču altāriem vai tiešām garīgām manipulācijām.

Atbrīvošanās kļūst sarežģīta, ja iesaistītie cilvēki ir **tie, kurus mēs mīlam vai ar kuriem mēs dzīvojam.**

Mājsaimniecības burvestību globālie piemēri

- **Āfrika** – Greizsirdīga pamāte sūta lāstus caur ēdienu; brālis vai māsa izsauc garus pret veiksmīgāku brāli.
- **Indija un Nepāla** — mātes piedzimstot velta bērnus dievībām; mājas altāri tiek izmantoti, lai kontrolētu likteņus.
- **Latīņamerika** — brujerija jeb santerija, ko slepeni praktizē radinieki, lai manipulētu ar laulātajiem vai bērniem.
- **Eiropa** – slēpti brīvmūrnieki vai okulti zvēresti ģimenes līnijās; ekstrasensu vai spirituālisma tradīcijas, kas nodotas no paaudzes paaudzē.
- **Ziemeļamerika** – vikāņu vai jaunā laikmeta vecāki "svētī" savus bērnus ar kristāliem, enerģijas attīrīšanu vai taro kārtīm.

Šīs spējas var slēpties aiz ģimenes pieķeršanās, taču to mērķis ir kontrole, stagnācija, slimības un garīga verdzība.

Patiess stāsts — Mans tēvs, ciema pravietis
Sieviete no Rietumāfrikas uzauga mājās, kur viņas tēvs bija ļoti cienīts ciema pravietis. Ārpusniekiem viņš bija garīgais ceļvedis. Aiz slēgtām durvīm viņš glabāja amuletus pilī un nesa upurus ģimeņu labā, kuras meklēja labvēlību vai atriebību.

Viņas dzīvē parādījās dīvaini modeļi: atkārtoti murgi, neveiksmīgas attiecības un neizskaidrojamas slimības. Kad viņa atdeva savu dzīvi Kristum, viņas tēvs novērsās pret viņu, paziņojot, ka bez viņa palīdzības viņa nekad negūs panākumus. Viņas dzīve gadiem ilgi griezās spirālē.

Pēc mēnešiem ilgām pusnakts lūgšanām un gavēņa Svētais Gars vadīja viņu atteikties no jebkādām dvēseliskām saitēm ar tēva okulto apmetni. Viņa apraka rakstus savās sienās, dedzināja vecas zīmes un katru dienu svaidīja savu slieksni. Lēnām sākās izrāvieni: viņas veselība atgriezās, sapņi noskaidrojās, un viņa beidzot apprecējās. Tagad viņa palīdz citām sievietēm, kas saskaras ar mājsaimniecības altāriem.

Rīcības plāns — Saskaršanās ar pazīstamo garu

1. **Atšķirt bez negoda** – Lūdziet Dievam atklāt slēptos spēkus bez naida.
2. **Lauziet dvēseliskas vienošanās** – atsakieties no visām garīgajām saitēm, kas noslēgtas ar rituālu, altāru vai mutisku zvērestu palīdzību.
3. **Garīgi atdalīti** — pat ja dzīvojat vienā mājā, jūs varat **garīgi atdalīties** caur lūgšanu.
4. **Iesvētī savu telpu** – Iesvaidi katru istabu, priekšmetu un slieksni ar eļļu un Svētajiem Rakstiem.

Svēto Rakstu rīki

- *Mihas 7:5–7* – Nepaļaujies uz tuvāko
- *Psalms 27:10* — "Lai gan mans tēvs un māte mani pamestu..."
- *Lūkas 14:26* – Mīlēt Kristu vairāk nekā ģimeni
- *2. Ķēniņu 11:1–3* — Slepena glābšana no slepkavnieciskas karalienes mātes

- *Jesajas 54:17* – Neviens ierocis, kas izgatavots, neizdosies

Grupas pieteikums

- Dalieties pieredzē, kad pretestība nāca no ģimenes iekšienes.
- Lūdziet gudrību, drosmi un mīlestību, saskaroties ar ģimenes pretestību.
- Vadi atteikšanās lūgšanu no katras dvēseles saites vai izteikta lāsta, ko izteicis radinieks.

Kalpošanas rīki:

- Svaidāmā eļļa
- Piedošanas deklarācijas
- Derības atbrīvošanas lūgšanas
- 91. psalma lūgšanu pārklājs

Galvenā atziņa
Asinslīnija var būt svētība vai kaujas lauks. Tu esi aicināts to atpestīt, nevis tikt tās pārvaldīts.

Pārdomu žurnāls

- Vai esmu kādreiz saskāries ar garīgu pretestību no kāda tuva cilvēka?
- Vai ir kāds, kam man jāpiedod — pat ja viņš joprojām darbojas burvestībās?
- Vai esmu gatavs atšķirties, pat ja tas maksātu attiecības?

Atšķiršanās un aizsardzības lūgšana
Tēvs, es atzīstu, ka vislielākā pretestība var nākt no man vistuvākajiem cilvēkiem. Es piedodu ikvienam mājsaimniecības loceklim, kurš apzināti vai neapzināti darbojas pret manu likteni. Es sarauju katru dvēseles saiti, lāstu un derību, kas noslēgta caur manu ģimenes līniju un kas nesaskan ar Tavu Valstību. Ar Jēzus asinīm es svētīju savu māju un pasludinu: es un mans nams kalposim Tam Kungam. Āmen.

21. DIENA: JEZABEĻES GARS — PAVELDINĀŠANA, KONTROLE UN RELIĢISKAS MANIPULĀCIJAS

"*Bet Man ir pret tevi tas, ka tu pieļauj sievieti Jezabeli, kura sevi sauc par pravieti. Ar savu mācību viņa maldina...*" — Atklāsmes 2:20
"*Viņas gals nāks pēkšņi, un nebūs iespējams palīdzēt.*" — Salamana Pamācības 6:15

Daži gari kliedz no ārpuses.
Jezabele čukst no iekšienes.
Viņa ne tikai kārdina – viņa **uzurpē, manipulē un samaitā**, sagraujot kalpošanas, nosmacinot laulības un pavedinot tautas ar sacelšanos.
Kas ir Jezabeles gars?
Jezabeles gars:

- Atdarina pravietojumus, lai maldinātu
- Izmanto šarmu un pavedināšanu, lai kontrolētu
- Ienīst patieso autoritāti un apklusina praviešus
- Aiz viltus pazemības maskē lepnumu
- Bieži pieķeras vadībai vai tai tuviem cilvēkiem

Šis gars var darboties caur **vīriešiem vai sievietēm**, un tas zeļ tur, kur nekontrolēta vara, ambīcijas vai noraidījums paliek nedziedināti.
Globālās manifestācijas

- **Āfrika** – viltus pravietes, kas manipulē ar altāriem un ar bailēm pieprasa lojalitāti.
- **Āzija** – reliģiskie mistiķi, kas apvieno pavedināšanu ar vīzijām, lai dominētu garīgajās aprindās.

- **Eiropa** — Seno dieviešu kulti atdzima Jaunā laikmeta praksēs ar nosaukumu pilnvarošana.
- **Latīņamerika** — Santerijas priesterienes, kas kontrolē ģimenes, izmantojot "garīgos padomus".
- **Ziemeļamerika** — sociālo mediju ietekmētāji, kas reklamē "dievišķo sievišķību", vienlaikus izsmejot Bībeles pakļaušanos, autoritāti vai šķīstību.

Patiess stāsts: *Jezabele, kas sēdēja uz altāra*

Kādā Karību jūras reģiona valstī baznīca, kas dega Dieva dēļ, sāka lēnām un nemanāmi izgaist. Aizlūgšanas grupa, kas kādreiz tikās pusnakts lūgšanās, sāka izklīst. Jaunatnes kalpošana iekļuva skandālā. Baznīcā sāka izjukt laulības, un kādreiz dedzīgais mācītājs kļuva neizlēmīgs un garīgi noguris.

Visa centrā bija sieviete — **māsa R.** Skaista, harizmātiska un dāsna, viņu apbrīnoja daudzi. Viņai vienmēr bija "vārds no Kunga" un sapnis par ikviena cita likteni. Viņa dāsni ziedoja baznīcas projektiem un nopelnīja vietu mācītāja tuvumā.

Aizkulisēs viņa smalki **apmeloja citas sievietes**, pavedināja jaunāko mācītāju un sēja šķelšanās sēklas. Viņa pozicionēja sevi kā garīgu autoritāti, vienlaikus klusi apgāžot faktisko vadību.

Kādu nakti baznīcā kādai pusaudzei bija spilgts sapnis — viņa redzēja čūsku, kas saritinājusies zem kanceles, čukstot mikrofonā. Pārbijusies, viņa pastāstīja par to savai mātei, kura to atnesa mācītājam.

Vadība nolēma **trīs dienu gavēni**, lai meklētu Dieva vadību. Trešajā dienā lūgšanas laikā māsa R sāka vardarbīgi izpausties. Viņa šņāca, kliedza un apsūdzēja citus burvestībās. Sekoja spēcīga atbrīvošana, un viņa atzinās: pusaudža gados viņa bija iesvētīta garīgajā kārtā, kuras uzdevums bija **iefiltrēties baznīcās, lai "nozagtu viņu uguni"**.

viņa jau bija bijusi **piecās baznīcās**. Viņas ierocis nebija skaļš — tie bija **glaimi, pavedināšana, emocionāla kontrole** un pravietiskas manipulācijas.

Šodien šī baznīca ir atjaunojusi savu altāri. Kancele ir no jauna iesvētīta. Un tā jaunā pusaudze? Viņa tagad ir dedzīga evaņģēliste, kas vada sieviešu lūgšanu kustību.

Rīcības plāns — Kā stāties pretī Jezabelei

1. **Nožēlojiet** jebkādus veidus, kā esat sadarbojies ar manipulācijām, seksuālo kontroli vai garīgo lepnumu.
2. **Atpazīsti** Jezabeles iezīmes — glaimus, dumpīgumu, pavedināšanu, viltus pravietojumus.
3. **pārraujiet dvēseles saites** un nešķīstas alianses — īpaši ar ikvienu, kas jūs attālina no Dieva balss.
4. **Pasludini savu autoritāti** Kristū. Izebele baidās no tiem, kas zina, kas viņi ir.

Svēto Rakstu Arsenāls:

- 1. Ķēniņu 18.–21. nodaļa – Izebele pret Eliju
- Atklāsmes 2:18–29 – Kristus brīdinājums Tiatīrai
- Salamana Pamācības 6:16–19 – Ko Dievs ienīst
- Galatiešiem 5:19–21 – Miesas darbi

Grupas pieteikums

- Diskutējiet: Vai esat kādreiz bijuši liecinieki garīgai manipulācijai? Kā tā sevi maskēja?
- Grupā pasludiniet "neiecietības" politiku pret Jezabeli — baznīcā, mājās vai vadībā.
- Ja nepieciešams, izpildiet **atbrīvošanas lūgšanu** vai gavējiet, lai pārtrauktu viņas ietekmi.
- No jauna iesvētīt jebkuru kalpošanu vai altāri, kas ir ticis apdraudēts.

Kalpošanas rīki:
Izmantojiet svaidāmo eļļu. Radiet telpu grēku izsūdzēšanai un piedošanai. Dziediet pielūgsmes dziesmas, kas sludina **Jēzus kundzību.**

Galvenā atziņa

Jezabele zeļ tur, kur **ir zema spriestspēja** un **augsta tolerance** . Viņas valdīšana beidzas, kad atmostas garīgā autoritāte.

Pārdomu žurnāls

- Vai esmu ļāvis manipulācijām mani vadīt?

- Vai ir cilvēki vai ietekmes, kuras esmu pacēlis augstāk par Dieva balsi?
- Vai esmu baiļu vai kontroles dēļ apklusinājis savu pravietisko balsi?

Atbrīvošanas lūgšana

Kungs Jēzu, es atsakos no jebkādas alianses ar Jezabeles garu. Es noraidu pavedināšanu, kontroli, viltus pravietojumus un manipulācijas. Attīri manu sirdi no lepnuma, bailēm un kompromisiem. Es atgūstu savu autoritāti. Lai tiek nojaukts katrs altāris, ko Jezabele ir uzcēlusi manā dzīvē. Es ieceļu Tevi, Jēzu, par Kungu pār manām attiecībām, aicinājumu un kalpošanu. Piepildi mani ar spriestspēju un drosmi. Tavā vārdā, Āmen.

22. DIENA: PITONI UN LŪGŠANAS — SASPIEŠANAS GARA LAUOŠANA

"*Reiz, kad mēs gājām uz lūgšanu vietu, mūs sagaidīja verdzene, kurai bija Pitona gars...*" — Apustuļu darbi 16:16
"*Tu samīsi lauvu un odzi...*" — Psalms 91:13

Ir gars, kas nekož – tas **spiež**.

Tas nosmacē tavu uguni. Tas apvij tavu lūgšanu dzīvi, tavu elpu, tavu pielūgsmi, tavu disciplīnu – līdz tu sāc atteikties no tā, kas tev reiz deva spēku.

Pitona gars — dēmonisks spēks, kas **ierobežo garīgo izaugsmi, aizkavē likteni, nožņaudz lūgšanas un vilto pravietojumus**.

Globālās manifestācijas

- **Āfrika** – pitona gars parādās kā viltus pravietisks spēks, kas darbojas jūras un meža svētnīcās.
- **Āzija** — čūsku gari, kurus pielūdza kā dievības, kuras ir jāpabaro vai jānomierina.
- **Latīņamerika** — santerijas čūsku altāri, ko izmanto bagātības, iekāres un varas iegūšanai.
- **Eiropa** — čūsku simboli burvestību, zīlēšanas un ekstrasensu aprindās.
- **Ziemeļamerika** – Viltus "pravietiskas" balsis, kuru pamatā ir dumpis un garīgs apjukums.

Liecība: *Meitene, kura nevarēja elpot*

Marisolai no Kolumbijas katru reizi, kad viņa nometās ceļos, lai lūgtos, sākās elpas trūkums. Viņas krūtis savilkās. Sapņos viņa attēloja čūskas, kas apvijās ap kaklu vai guļ zem gultas. Ārsti neatrada nekādas medicīniskas problēmas.

Kādu dienu viņas vecmāmiņa atzina, ka Marisola bērnībā bija "veltīta" kalnu garam, kas pazīstams kā čūska. Tas bija **"aizsarggars"**, taču tam bija sava cena.

Atbrīvošanas sapulces laikā Marisola sāka vardarbīgi kliegt, kad viņai uzlika rokas. Viņa juta, kā kaut kas kustas viņas vēderā, augšup pa krūtīm un tad ārā no mutes, it kā tiktu izspiests gaiss.

Pēc šīs tikšanās elpas trūkums beidzās. Viņas sapņi mainījās. Viņa sāka vadīt lūgšanu sapulces — tieši to, ko ienaidnieks reiz centās no viņas atņemt.

Pazīmes, kas liecina, ka jūs, iespējams, ietekmē Pītona gars

- Nogurums un smagums ikreiz, kad mēģināt lūgt Dievu vai pielūgt
- Pravietisks apjukums vai maldinoši sapņi
- Pastāvīgas sajūtas, ka esat aizrīšanās, bloķēšanas vai saspiešanas sajūtas
- Depresija vai izmisums bez skaidra iemesla
- Garīgas vēlmes vai motivācijas zudums

Rīcības plāns – ierobežojumu pārvarēšana

1. **Nožēlojiet** jebkādu okultu, psihisku vai senču iesaisti.
2. **Pasludini savu miesu un garu par vienīgi Dieva piederošiem.**
3. **Gavēnis un karš,** izmantojot Jesajas 27:1 un Psalmu 91:13.
4. **Svaidi savu kaklu, krūtis un kājas** — pieprasot brīvību runāt, elpot un staigāt patiesībā.

Atbrīvošanas raksti:

- Apustuļu darbi 16:16–18 – Pāvils izdzen pitona garu
- Jesajas 27:1 – Dievs soda Leviatānu, bēgošo čūsku
- 91. psalms – Aizsardzība un autoritāte
- Lūkas 10:19 – Vara samīt čūskas un skorpionus

GRUPAS PIETEIKUMS

- Pajautājiet: Kas kavē mūsu lūgšanu dzīvi — gan personīgi, gan

kopīgi?
- Vadiet grupas elpošanas lūgšanu — pasludinot **Dieva dvašu** (Ruah) pār katru dalībnieku.
- Salauziet katru viltus pravietisko ietekmi vai čūskai līdzīgu spiedienu pielūgsmē un aizlūgšanā.

Kalpošanas rīki: pielūgsme ar flautām vai elpošanas instrumentiem, simboliska virvju griešana, lūgšanu šalles elpošanas brīvībai.

Galvenā atziņa
Pītona gars nosmacē to, ko Dievs vēlas radīt. Lai atgūtu elpu un drosmi, tam ir jāstājas pretī.

Pārdomu žurnāls

- Kad es pēdējo reizi jutos pilnīgi brīvs lūgšanā?
- Vai ir kādas garīgā noguruma pazīmes, kuras esmu ignorējis?
- Vai esmu neapzināti pieņēmis "garīgu padomu", kas radīja vēl lielāku apjukumu?

Atbrīvošanas lūgšana
Tēvs, Jēzus vārdā es salaužu katru ierobežojošu garu, kas paredzēts, lai nožņaugtu manu mērķi. Es atsakos no pitona gara un visām viltus pravietiskajām balsīm. Es saņemu Tava Gara dvašu un pasludinu: es brīvi elpošu, drosmīgi lūgšu un staigāšu taisni. Katra čūska, kas apvijusies ap manu dzīvi, ir nocirsta un izdzīta. Es tagad saņemu atbrīvošanu. Āmen.

23. DIENA: NEKĀRTĪBAS TRONI — TERITORIĀLU CIETOKŠŅU NOGĀŠANA

"*Vai netaisnības tronis, kas ar bauslību domā ļaunu, būs kopā ar Tevi?*" — Psalms 94:20
"*Mums nav jācīnās pret miesu un asinīm, bet pret... tumsības valdniekiem...*" — Efeziešiem 6:12

Pastāv neredzami **troņi** — nodibināti pilsētās, tautās, ģimenēs un sistēmās —, kur dēmoniskas varas **likumīgi valda** caur derībām, likumdošanu, elkdievību un ilgstošu sacelšanos.

Tie nav nejauši uzbrukumi. Tās ir **tronī ieceltas autoritātes**, kas dziļi iesakņojušās struktūrās, kuras uztur ļaunumu paaudzēm ilgi.

Kamēr šie troņi netiks **garīgi nojaukti**, tumsas cikli turpināsies — neatkarīgi no tā, cik daudz lūgšanu tiks veltītas virspusējā līmenī.

Globāli cietokšņi un troņi

- **Āfrika** – burvestību troņi karaliskajās asinslīnijās un tradicionālajās padomēs.
- **Eiropa** – sekulārisma, brīvmūrniecības un legalizētas sacelšanās troņi.
- **Āzija** – elkdievības troņi senču tempļos un politiskajās dinastijās.
- **Latīņamerika** – narkoterorisma, nāves kultu un korupcijas troņi.
- **Ziemeļamerika** – perversiju, abortu un rasu apspiešanas troņi.

Šie troņi ietekmē lēmumus, nomāc patiesību un **aprij likteņus**.

Liecība: *Pilsētas padomnieka atbrīvošana*

Dienvidāfrikas pilsētā kāds nesen ievēlēts kristiešu padomnieks atklāja, ka visi iepriekšējie amatpersonas ir vai nu zaudējuši prātu, šķīrušies, vai pēkšņi miruši.

Pēc vairākām lūgšanām Tas Kungs atklāja **asins upura troni,** kas bija aprakts zem pašvaldības ēkas. Vietējais gaišreģis jau sen bija izvietojis burvestības kā daļu no teritoriālās pretenzijas.

Padomnieks pulcēja aizlūgšanas lūdzējus, gavēja un pusnaktī noturēja dievkalpojumu padomes telpās. Trīs naktis darbinieki ziņoja par dīvainiem kliedzieniem sienās un elektrības padeves pārtraukumiem.

Nedēļas laikā sākās atzīšanās. Tika atklāti korumpēti līgumi, un dažu mēnešu laikā uzlabojās sabiedriskie pakalpojumi. Tronis bija kritis.

Rīcības plāns – tumsas gāšana no troņa

1. **Identificējiet troni** — lūdziet Kungu parādīt jums teritoriālās cietokšņus jūsu pilsētā, amatā, asinslīnijā vai reģionā.
2. **Atgriezieties no grēkiem zemes vārdā** (Daniēla 9. nodaļas stila aizlūgums).
3. **Pielūdziet stratēģiski** — troņi sabrūk, kad Dieva godība pārņem visu (skat. 2. Laiku 20. gr.).
4. **Pasludiniet Jēzus vārdu** par vienīgo patieso Ķēniņu pār šo valdījumu.

Enkura raksti:

- Psalms 94:20 – Netaisnības troņi
- Efeziešiem 6:12 – Valdnieki un varas iestādes
- Jesajas 28:6 – Taisnības gars tiem, kas cīnās
- 2. Ķēniņu 23. nodaļa — Josija iznīcina elkdievības altārus un troņus

GRUPAS IESAISTĪŠANĀS

- Veiciet savas apkārtnes vai pilsētas "garīgās kartes" sesiju.
- Pajautājiet: Kādi šeit ir grēka, sāpju vai apspiešanas cikli?
- Ieceliet "sargus", kas katru nedēļu lūgtu pie galvenajām vārtiem: skolām, tiesām, tirgiem.
- Vadošā grupa izdod dekrētus pret garīgajiem valdniekiem, izmantojot Psalmu 149:5–9.

Kalpošanas rīki: šofāri, pilsētu kartes, olīveļļa zemes iesvētīšanai, lūgšanu pastaigu ceļveži.

Galvenā atziņa

Ja vēlaties redzēt pārmaiņas savā pilsētā, **jums ir jāizaicina tronis, kas stāv aiz sistēmas**, nevis tikai seja tās priekšā.

Pārdomu žurnāls

- Vai manā pilsētā vai ģimenē notiek atkārtotas cīņas, kas šķiet lielākas par mani pašu?
- Vai esmu mantojis cīņu pret troni, kuru neesmu iecēlis tronī?
- Kādi "valdnieki" lūgšanā ir jāatceļ?

Kara lūgšana

Ak, Kungs, atmasko katru netaisnības troni, kas valda pār manu teritoriju. Es pasludinu Jēzus vārdu kā vienīgo Ķēniņu! Lai katrs slēptais altāris, likums, pakts vai vara, kas uzspiež tumsu, tiek izkaisīta ugunī. Es ieņemu savu vietu kā aizlūdzējs. Ar Jēra asinīm un savas liecības vārdu es nolaužu troņus un ieceļu Kristu tronī pār savām mājām, pilsētu un tautu. Jēzus vārdā. Āmen.

24. DIENA: DVĒSELES FRAGMENTI — KAD TRŪKST DAĻAS NO TEVIS

"*Viņš atdzīvina manu dvēseli...*" — Psalms 23:3
"*Es dziedēšu tavas brūces,*" saka Tas Kungs, "*jo tevi sauc par atstumto...*" — Jeremijas 30:17

Traumai piemīt spēja sagraut dvēseli. Vardarbība. Noraidījums. Nodevība. Pēkšņas bailes. Ilgstošas bēdas. Šīs pieredzes neatstāj tikai atmiņas — tās **salauž jūsu iekšējo cilvēku**.

Daudzi cilvēki staigā apkārt, izskatoties veseli, bet dzīvo ar **trūkstošām sevis daļām**. Viņu prieks ir sadrumstalots. Viņu identitāte ir izkaisīta. Viņi ir iesprostoti emocionālās laika zonās — daļa no viņiem iesprostota sāpīgā pagātnē, kamēr ķermenis turpina novecot.

Tie ir **dvēseles fragmenti** — jūsu emocionālā, psiholoģiskā un garīgā "es" daļas, kas ir salauztas traumas, dēmoniskas iejaukšanās vai burvestību manipulāciju dēļ.

Kamēr šīs daļas netiks savāktas, dziedinātas un atkal apvienotas caur Jēzu, **patiesa brīvība paliek nesasniedzama**.

Globālā dvēseļu zādzību prakse

- **Āfrika** — burves, kas cilvēku "esenci" iemūžina burkās vai spoguļos.
- **Āzija** — dvēseļu iesprostošanas rituāli, ko veic guru vai tantrikas praktiķi.
- **Latīņamerika** – šamaņu dvēseļu šķelšana kontroles vai lāstu iegūšanai.
- **Eiropa** — okultā spoguļmaģija, ko izmanto, lai salauztu identitāti vai nozagtu labvēlību.
- **Ziemeļamerika** — Traumas, kas radušās seksuālas vardarbības, aborta vai identitātes apjukuma rezultātā, bieži rada dziļas dvēseles

brūces un sadrumstalotību.

Stāsts: *Meitene, kura nejuta*

Andrea, 25 gadus veca meitene no Spānijas, gadiem ilgi bija cietusi no kāda ģimenes locekļa seksuālas izmantošanas. Lai gan viņa bija pieņēmusi Jēzu, viņa palika emocionāli nejūtīga. Viņa nespēja raudāt, mīlēt vai just līdzi.

Apmeklējošs mācītājs viņai uzdeva dīvainu jautājumu: "Kur tu paliki savā priekā?" Aizverot acis, Andrea atcerējās, kā viņai bija deviņi gadi, saritinājusies skapī un sev sakot: "Es nekad vairs to nejutīšu."

Viņi kopā lūdza Dievu. Andrea piedeva, atteicās no iekšējiem solījumiem un uzaicināja Jēzu šajā konkrētajā atmiņā. Pirmo reizi daudzu gadu laikā viņa nevaldāmi raudāja. Tajā dienā **viņas dvēsele tika atjaunota**.

Rīcības plāns – dvēseles atgūšana un dziedināšana

1. Pajautājiet Svētajam Garam: *Kur es pazaudēju daļu no sevis?*
2. Piedod ikvienam, kas bija iesaistīts tajā brīdī, un **atsakies no iekšējiem zvērestiem**, piemēram, "Es nekad vairs neuzticēšos".
3. Aiciniet Jēzu atmiņā un ierunājiet dziedinošus vārdus šajā brīdī.
4. Lūgšana: *"Kungs, atjauno manu dvēseli. Es aicinu katru savu daļiņu atgriezties un tapt veselai."*

Galvenie Svēto Rakstu panti:

- Psalms 23:3 – Viņš atdzīvina dvēseli
- Lūkas 4:18 – Salauztu siržu dziedināšana
- 1. Tesaloniķiešiem 5:23 — Gars, dvēsele un miesa saglabāti
- Jeremijas 30:17 – Izraidīto un brūču dziedināšana

Grupas pieteikums

- Vadīt dalībniekus vadītā **iekšējās dziedināšanas lūgšanu sesijā**.
- Pajautājiet: *Vai jūsu dzīvē ir bijuši brīži, kad jūs pārstājāt uzticēties, just vai sapņot?*
- Lomu spēle "atgriešanās tajā istabā" ar Jēzu un Viņa brūces dziedināšanas vērošana.

- Lai uzticami vadītāji maigi uzliek rokas uz galvām un pasludina dvēseles atjaunošanu.

Kalpošanas rīki: pielūgsmes mūzika, maigs apgaismojums, salvetes, ieteikumi dienasgrāmatas rakstīšanai.

Galvenā atziņa

Atbrīvošana nav tikai dēmonu izdzīšana. Tā ir **salauzto gabalu savākšana un identitātes atjaunošana**.

Pārdomu žurnāls

- Kādi traumatiski notikumi joprojām ietekmē to, kā es šodien domāju vai jūtos?
- Vai es kādreiz esmu teicis: "Es nekad vairs nemīlēšu" vai "Es vairs nevienam nevaru uzticēties"?
- Kā man izskatās "veselums" — un vai esmu tam gatavs?

ATJAUNOŠANAS LŪGŠANA

Jēzu, Tu esi manas dvēseles Gans. Es nesu Tev līdzi katru vietu, kur esmu ticis satriekts — baiļu, kauna, sāpju vai nodevības. Es laužu katru iekšējo zvērestu un lāstu, kas izteikts traumas laikā. Es piedodu tiem, kas mani sāpināja. Tagad es aicinu katru savas dvēseles daļiņu atgriezties. Atjauno mani pilnībā — garu, dvēseli un miesu. Es neesmu salauzts mūžīgi. Esmu vesels Tevī. Jēzus vārdā. Āmen.

25. DIENA: DĪVAINU BĒRNU LĀSTS — KAD LIKTEŅI TIEK APMAIŅOTI DZIMŠANAS LAIKĀ

"*Viņu bērni ir sveši bērni: tagad mēnesis tos aprīs kopā ar viņu mantām.*" — Hozejas 5:7

"*Pirms Es tevi radīju mātes miesās, Es tevi pazinu...*" — Jeremijas 1:5

Ne katrs bērns, kas dzimis noteiktā mājā, ir paredzēts tai.

Ne katrs bērns, kam ir jūsu DNS, nes jūsu mantojumu.

Ienaidnieks jau izsenis ir izmantojis **dzimšanu kā kaujas lauku** — apmainoties ar likteņiem, sējot viltotus pēcnācējus, iesvētot bērnus tumšās derībās un iejaucoties dzemdēs, pirms pat ir sākusies ieņemšana.

Tā nav tikai fiziska problēma. Tā ir **garīga norise**, kas ietver altārus, upurus un dēmoniskas likumības.

Kas ir dīvaini bērni?

"Dīvainie bērni" ir:

- Bērni, kas dzimuši, izmantojot okultu centību, rituālus vai seksuālas derības.
- Pēcnācēji apmainījās dzimšanas brīdī (garīgi vai fiziski).
- Bērni, kas ģimenē vai dzimtā nes tumšus uzdevumus.
- Dvēseles, kas sagūstītas dzemdē ar burvestību, nekromantijas vai paaudžu altāru palīdzību.

Daudzi bērni aug dumpīgā, atkarībās, naidā pret vecākiem vai sevi — ne tikai sliktas audzināšanas dēļ, bet arī tāpēc, **kas viņus garīgi uzņēmās jau no dzimšanas**.

GLOBĀLĀS IZTEIKSMES

- **Āfrika** – garīgas apmaiņas slimnīcās, dzemdes piesārņošana ar jūras gariem vai rituāls sekss.
- **Indija** — bērni pirms dzimšanas tiek iesvētīti tempļos vai uz karmu balstītos likteņos.
- **Haiti un Latīņamerika** — santerijas iesvētīšanas, bērni ieņemti uz altāriem vai pēc burvestībām.
- **Rietumu valstis** – mākslīgās apaugļošanas un surogātmātes prakse dažkārt ir saistīta ar okultiem līgumiem vai donoru līnijām; aborti, kas atstāj garīgas durvis atvērtas.
- **Vietējo kultūru pārstāvji visā pasaulē** — garu nosaukšanas ceremonijas vai totēmiska identitātes nodošana.

Stāsts: *Mazulis ar nepareizo garu*

Klāra, medmāsa no Ugandas, pastāstīja, kā sieviete atveda savu jaundzimušo uz lūgšanu sapulci. Bērns nepārtraukti kliedza, atraidīja pienu un vardarbīgi reaģēja uz lūgšanu.

Pravietisks vārds atklāja, ka mazulis piedzimstot ir "apmainīts" garā. Māte atzinās, ka burvis lūdzis par viņas vēderu, kamēr viņa izmisīgi ilgojās pēc bērna.

Pateicoties grēku nožēlai un dedzīgām atbrīvošanas lūgšanām, mazulis kļuva vājš un pēc tam mierīgs. Vēlāk bērns uzplauka, parādot atjaunota miera un attīstības pazīmes.

Ne visas bērnu kaites ir dabiskas. Dažas ir **iedzimtas jau no ieņemšanas brīža** .

Rīcības plāns – dzemdes likteņa atgūšana

1. Ja esat vecāks, **no jauna veltiet savu bērnu Jēzum Kristum** .
2. Atsakieties no jebkādiem pirmsdzemdību lāstiem, veltījumiem vai derībām — pat ja tās neapzināti devuši senči.
3. Lūgšanā tieši uzrunājiet sava bērna garu: *"Tu piederi Dievam. Tavs liktenis ir atjaunots."*
4. Ja jums nav bērnu, lūdzieties par savu dzemdi, noraidot jebkādas garīgas manipulācijas vai iejaukšanās formas.

Galvenie Svēto Rakstu panti:

- Hozejas 9:11–16 – Spriedums pār svešu sēklu
- Jesajas 49:25 – Cīnoties par saviem bērniem
- Lūkas 1:41 – Gara piepildīti bērni jau no mātes miesām
- Psalms 139:13–16 – Dieva apzinātais nodoms mātes miesās

Grupas iesaistīšanās

- Palūdziet vecākiem atnest savu bērnu vārdus vai fotogrāfijas.
- Virs katra vārda paziņojiet: "Jūsu bērna identitāte ir atjaunota. Katra sveša roka ir nocirsta."
- Lūdziet par garīgo dzemdes attīrīšanu visām sievietēm (un vīriešiem kā garīgajiem sēklas nesējiem).
- Izmantojiet komūniju, lai simbolizētu asinslīnijas likteņa atgūšanu.

Kalpošanas rīki: Svētais Vakarēdiens, svaidāmā eļļa, iespiesti vārdi vai zīdaiņu lietas (pēc izvēles).

Galvenā atziņa

Sātans mērķē uz mātes miesām, jo **tieši tur veidojas pravieši, karotāji un likteņi**. Bet katru bērnu var atgūt caur Kristu.

Pārdomu žurnāls

- Vai man kādreiz ir bijuši dīvaini sapņi grūtniecības laikā vai pēc dzemdībām?
- Vai mani bērni cīnās veidos, kas šķiet nedabiski?
- Vai esmu gatavs stāties pretī paaudžu dumpības vai kavēšanās garīgajiem cēloņiem?

Atgūšanas lūgšana

Tēvs, es nesu savu klēpi, savu sēklu un savus bērnus pie Tava altāra. Es nožēloju grēkus par jebkurām durvīm – zināmām vai nezināmām –, kas deva piekļuvi ienaidniekam. Es salaužu katru lāstu, nodošanos un dēmonisku uzdevumu, kas saistīts ar maniem bērniem. Es runāju pār viņiem: Jūs esat svēti, izredzēti un apzīmogoti Dieva godam. Jūsu liktenis ir atpestīts. Jēzus vārdā. Āmen.

26. DIENA: SLĒPTIE VARAS ALTĀRI — ATBRĪVOŠANĀS NO ELITES OKULTISKĀM DERĪBĀM

"*Atkal velns Viņu aizveda uz ļoti augstu kalnu un rādīja Viņam visas pasaules valstis un to godību. Viņš sacīja: "Visu to es Tev došu, ja Tu metīsies zemē un pielūgsi mani.""* — Mateja 4:8–9

Daudzi domā, ka sātaniskā vara ir atrodama tikai slepenos rituālos vai tumšos ciematos. Taču dažas no visbīstamākajām derībām slēpjas aiz pulētiem uzvalkiem, elites klubiem un daudzu paaudžu ietekmes.

Tie ir **varas altāri** — veidoti no asins zvērestiem, iniciācijām, slepeniem simboliem un mutiskiem solījumiem, kas saista indivīdus, ģimenes un pat veselas tautas ar Lucifera valdīšanu. No brīvmūrniecības līdz kabalistiskiem rituāliem, no austrumu zvaigžņu iniciācijām līdz senajām ēģiptiešu un babiloniešu mistēriju skolām — tie sola apgaismību, bet sniedz verdzību.

Globālie savienojumi

- **Eiropa un Ziemeļamerika** – brīvmūrniecība, rozenkreicerisms, Zelta rītausmas ordenis, Galvaskauss un kauli, Bohēmijas birzs, kabalas iniciācijas.
- **Āfrika** — politiski asins līgumi, senču garu darījumi par valdīšanu, augsta līmeņa burvestību alianses.
- **Āzija** — apgaismotas sabiedrības, pūķu garu pakti, ar seno burvestību saistītas asinslīnijas dinastijas.
- **Latīņamerika** – politiskā santerija, ar karteļiem saistīta rituāla aizsardzība, panākumu un imunitātes vārdā noslēgti pakti.
- **Tuvie Austrumi** — senie babilonieši un asīrieši rituāli tika nodoti tālāk reliģiskā vai karaliskā aizsegā.

Liecība – brīvmūrnieka mazdēls atrod brīvību

Karloss, kurš uzauga ietekmīgā ģimenē Argentīnā, nekad nezināja, ka viņa vectēvs ir sasniedzis brīvmūrniecības 33. pakāpi. Viņa dzīvi bija mocījušas dīvainas izpausmes — miega paralīze, attiecību sabotāža un pastāvīga nespēja gūt panākumus, lai cik ļoti viņš censtos.

Pēc atbrīvošanas mācības apmeklēšanas, kas atmaskoja elites okultās saites, viņš konfrontēja savas ģimenes vēsturi un atrada masonu regālijas un slēptas dienasgrāmatas. Pusnakts gavēņa laikā viņš atteicās no visām asins derībām un pasludināja brīvību Kristū. Tajā pašā nedēļā viņš saņēma darba izrāvienu, uz kuru bija gaidījis gadiem ilgi.

Augsta līmeņa altāri rada augsta līmeņa opozīciju, bet **Jēzus asinis** runā skaļāk nekā jebkurš zvērests vai rituāls.

Rīcības plāns – Slēptās Ložas atmaskošana

1. **Izpētiet** : Vai jūsu asinslīnijā ir brīvmūrnieku, ezotēriskas vai slepenas piederības?
2. **Atteikties no** visām zināmajām un nezināmajām derībām, izmantojot deklarācijas, kas balstītas uz Mateja 10:26–28.
3. **Sadedzini vai noņem** visus okultos simbolus: piramīdas, visu redzošās acis, kompasus, obeliskus, gredzenus vai tērpus.
4. **Lūdzieties skaļi** :

"Es lauzu visus slepenos līgumus ar slepenām biedrībām, gaismas kultiem un viltus brālībām. Es kalpoju tikai Kungam Jēzum Kristum."

Grupas pieteikums

- Palūdziet biedriem pierakstīt visas zināmās vai iespējamās saites ar elites okultajām organizācijām.
- Vadiet **simbolisku saišu pārgriešanas aktu** — saplēsiet papīrus, dedziniet attēlus vai svaidiet viņu pieres kā atdalīšanās zīmogu.
- Izmantojiet **2. psalmu** , lai pasludinātu nacionālo un ģimenes sazvērestību pret Tā Kunga svaidīto laušanu.

Galvenā atziņa

Sātana spēcīgākais tvēriens bieži vien ir ietērpts slepenībā un prestižā. Patiesa brīvība sākas tad, kad jūs atmaskojat, atsakāties no šiem altāriem un tos pārvietojat ar pielūgsmi un patiesību.

Pārdomu žurnāls

- Vai esmu mantojis bagātību, varu vai iespējas, kas garīgi šķiet "nepareizas"?
- Vai manā senčos ir slepenas saiknes, kuras esmu ignorējis?
- Cik man maksās pārtraukt bezdievīgu piekļuvi varai — un vai esmu tam gatavs?

Atbrīvošanas lūgšana

Tēvs, es nāku no katras slēptās mājiņas, altāra un vienošanās — savā vārdā vai savas asinslīnijas vārdā. Es pārrauju katru dvēseles saiti, katru asins saiti un katru zvērestu, kas dots apzināti vai neapzināti. Jēzu, Tu esi mana vienīgā Gaisma, mana vienīgā Patiesība un mans vienīgais pārklājs. Lai Tava uguns aprīj katru bezdievīgo saiti ar varu, ietekmi vai maldināšanu. Es saņemu pilnīgu brīvību, Jēzus vārdā. Āmen.

27. DIENA: NESVĒTĀS ALIANSES — BRĪVMŪNIECĪBA, ILLUMINĀTI UN GARĪGĀ INFLITRĀCIJA

"*Nepiedalieties neauglīgajos tumsas darbos, bet gan atmaskojiet tos.*" — Efeziešiem 5:11
"*Jūs nevarat dzert Kunga kausu un ļauno garu kausu vienlaikus.*" — 1. Korintiešiem 10:21

Pastāv slepenas biedrības un globāli tīkli, kas sevi pasniedz kā nekaitīgas brālīgas organizācijas, piedāvājot labdarību, saikni vai apgaismību. Taču aiz priekškara slēpjas dziļāki zvēresti, asins rituāli, dvēseles saites un Lucifera doktrīnas slāņi, kas ietērpti "gaismā".

Brīvmūrniecība, iluminati, Eastern Star, Skull and Bones un to radniecīgās organizācijas nav tikai sabiedriski klubi. Tās ir uzticības altāri — daži no tiem pastāv jau gadsimtiem ilgi —, kas paredzēti, lai garīgi iefiltrētos ģimenēs, valdībās un pat baznīcās.

Globālā pēda

- **Ziemeļamerika un Eiropa** — brīvmūrnieku tempļi, skotu ritu ložas, Jeilas universitātes Galvaskauss un kauli.
- **Āfrika** – politiskas un karaliskas iniciācijas ar masonu rituāliem, asins līgumi aizsardzībai vai varai.
- **Āzija** – kabalas skolas, kas maskējas kā mistiska apgaismība, slepeni klostera rituāli.
- **Latiņamerika** — slēptas elites kārtas, santerija apvienojās ar elites ietekmi un asins līgumiem.
- **Tuvie Austrumi** – Senās Babilonijas slepenās biedrības, kas saistītas ar varas struktūrām un viltus gaismas pielūgšanu.

ŠIE TĪKLI BIEŽI:

- Nepieciešamas asinis vai mutiski doti zvēresti.
- Izmantojiet okultus simbolus (kompasus, piramīdas, acis).
- Veikt ceremonijas, lai piesauktu vai veltītu savu dvēseli kādam ordenim.
- Piešķirt ietekmi vai bagātību apmaiņā pret garīgu kontroli.

Liecība – bīskapa grēksūdze

Kāds bīskaps Austrumāfrikā savas baznīcas priekšā atzinās, ka universitātes laikā reiz zemā līmenī pievienojies brīvmūrniekiem — vienkārši "sakaru" dēļ. Taču, kāpjot pa karjeras kāpnēm, viņš sāka saskatīt dīvainas prasības: klusēšanas zvērestu, ceremonijas ar aizsietām acīm un simboliem, kā arī "gaismu", kas padarīja viņa lūgšanu dzīvi aukstu. Viņš pārstāja sapņot. Viņš nespēja lasīt Svētos Rakstus.

Pēc grēku nožēlas un publiskas katra ranga un zvēresta nosodīšanas garīgā migla izklīda. Šodien viņš drosmīgi sludina Kristu, atmaskojot to, ko pats reiz darīja. Važas bija neredzamas – līdz tās tika sarautas.

Rīcības plāns – brīvmūrniecības un slepeno biedrību ietekmes laušana

1. **Norādiet** jebkādu personīgu vai ģimenes saistību ar brīvmūrniecību, rozenkreiceru, kabalu, "Skull and Bones" vai līdzīgām slepenām ordenīm.
2. **Atteikties no katra iesvētības līmeņa vai pakāpes**, no 1. līdz 33. vai augstākam līmenim, ieskaitot visus rituālus, žetonus un zvērestus. (Vadītas atbrīvošanās atteikšanās instrukcijas varat atrast tiešsaistē.)
3. **Lūdziet ar autoritāti:**

"Es laužu visas dvēseles saites, asins derības un zvērestus, ko esmu devis slepenām biedrībām — gan es, gan citi manā vārdā. Es atprasu savu dvēseli Jēzum Kristum!"

1. **Iznīcini simboliskus priekšmetus**: regālijas, grāmatas, sertifikātus, gredzenus vai ierāmētus attēlus.

2. **Deklarējiet** brīvību, izmantojot:
   - *Galatiešiem 5:1*
   - *Psalms 2:1-6*
   - *Jesajas 28:15-18*

Grupas pieteikums

- Lieciet grupai aizvērt acis un lūgt Svētajam Garam atklāt jebkādas slepenas piederības vai ģimenes saites.
- Korporatīvā atteikšanās: izlasiet lūgšanu, lai nosodītu jebkādu zināmu vai nezināmu saikni ar elites kārtām.
- Izmantojiet Svēto Vakarēdienu, lai noslēgtu pārtraukšanu un no jauna saskaņotu derības ar Kristu.
- Svaidi galvas un rokas — atjauno prāta skaidrību un svētus darbus.

Galvenā atziņa

To, ko pasaule sauc par "eliti", Dievs var nosaukt par negantību. Ne visa ietekme ir svēta — un ne visa gaisma ir Gaisma. Nav tādas lietas kā nekaitīga slepenība, ja runa ir par garīgiem zvērestiem.

Pārdomu žurnāls

- Vai esmu bijis slepenu ordeņu vai mistisku apgaismības grupu loceklis vai esmu par tām interesējies?
- Vai manā ticībā ir redzamas garīga akluma, stagnācijas vai aukstuma pazīmes?
- Vai man ir jācīnās ar drosmi un eleganci, risinot ģimenes problēmas?

Brīvības lūgšana

Kungs Jēzu, es nāku Tavā priekšā kā vienīgā patiesā Gaisma. Es atsakos no visām saitēm, katra zvēresta, katras viltus gaismas un katras slēptās kārtas, kas mani pretendē. Es pārtraucu brīvmūrniecību, slepenās biedrības, senās brālības un visas garīgās saites, kas saistītas ar tumsu. Es apliecinu, ka esmu tikai Jēzus asinīs – apzīmogots, atbrīvots un brīvs. Ļauj Tavam Garam sadedzināt visas šo derību paliekas. Jēzus vārdā, āmen.

28. DIENA: KABALĀ, ENERĢIJAS TĪKLI UN MISTISKĀS "GAISMAS" VALDĪJUMS

"*Jo pats sātans izliekas par gaismas eņģeli.*" — 2. korintiešiem 11:14
"*Gaisma, kas tevī, ir tumsa — cik dziļa gan ir šī tumsa!*" — Lūkas 11:35

Laikmetā, kas ir apsēsts ar garīgo apgaismību, daudzi neapzināti ienirst senās kabalistiskajās praksēs, enerģijas dziedniecībā un mistiskās gaismas mācībās, kas sakņojas okultās doktrīnās. Šīs mācības bieži maskējas kā "kristiešu misticisms", "ebreju gudrība" vai "uz zinātni balstīta garīgums", taču to izcelsme ir Babilonā, nevis Ciānā.

Kabala nav tikai ebreju filozofiska sistēma; tā ir garīga matrica, kas veidota uz slepeniem kodiem, dievišķām emanācijām (sefirotiem) un ezotēriskiem ceļiem. Tā ir tā pati pavedinošā maldināšana, kas slēpjas aiz taro kārtīm, numeroloģijas, zodiaka portāliem un Jaunā laikmeta tīkliem.

Daudzas slavenības, ietekmētāji un biznesa magnāti valkā sarkanas auklas, meditē ar kristāla enerģiju vai seko Zoharam, nezinot, ka piedalās neredzamā garīgā slazda sistēmā.

Globālie sapījumi

- **Ziemeļamerika** – kabalas centri, kas maskēti kā labsajūtas telpas; vadītas enerģijas meditācijas.
- **Eiropa** — druīdu kabala un ezotēriskā kristietība tika mācīta slepenos ordeņos.
- **Āfrika** – labklājības kulti, kas sajauc rakstus ar numeroloģiju un enerģijas portāliem.
- **Āzija** – čakru dziedināšana pārdēvēta par "gaismas aktivāciju", kas saskaņota ar universālajiem kodiem.
- **Latīņamerika** — svētie sajaukti ar kabalistiskajiem erceņģeļiem

mistiskajā katolicismā.

Šī ir viltus gaismas pavedināšana — kur zināšanas kļūst par dievu, un apgaismība kļūst par cietumu.

Īsta liecība — izkļūšana no "gaismas slazda"
Marisola, biznesa trenere no Dienvidamerikas, domāja, ka ir atklājusi patiesu gudrību caur numeroloģiju un "dievišķās enerģijas plūsmu" no kabalistiska mentora. Viņas sapņi kļuva spilgti, vīzijas asas. Bet viņas miers? Pazudis. Viņas attiecības? Sabrūk.

Neskatoties uz viņas ikdienas "gaismas lūgšanām", viņa miegā cieta no ēnu būtnēm. Draugs viņai atsūtīja video liecību par bijušo mistiķi, kurš satika Jēzu. Tajā naktī Marisola sauca Jēzu. Viņa ieraudzīja žilbinoši baltu gaismu — nevis mistisku, bet tīru. Atgriezās miers. Viņa iznīcināja savus materiālus un sāka savu atbrīvošanās ceļojumu. Šodien viņa vada uz Kristu vērstu mentoringa platformu sievietēm, kas iesprostotas garīgā maldināšanā.

Rīcības plāns – atteikšanās no viltus apgaismības

1. **Veiciet** savu pakļautību: vai esat lasījis mistiskas grāmatas, praktizējis enerģijas dziedināšanu, sekojis horoskopiem vai nēsājis sarkanas aukliņas?
2. **Nožēlojiet grēkus** par gaismas meklēšanu ārpus Kristus.
3. **Pārtraukt saites** ar:
    - Kabalas/Zohara mācības
    - Enerģijas medicīna vai gaismas aktivizēšana
    - Eņģeļu piesaukšana vai vārdu dekodēšana
    - Svētā ģeometrija, numeroloģija vai "kodi"
4. **Lūdzieties skaļi** :

"Jēzu, Tu esi pasaules gaisma. Es atsakos no katras viltus gaismas, katras okultās mācības un katra mistiska slazda. Es atgriežos pie Tevis kā pie sava vienīgā patiesības avota!"

1. **Svēto Rakstu vietas, kas jāpasludina** :
    - Jāņa 8:12
    - 5. Mozus 18:10–12

- Jesajas 2:6
- 2. korintiešiem 11:13–15

Grupas pieteikums

- Pajautājiet: Vai jūs (vai jūsu ģimene) kādreiz esat piedalījušies vai saskārušies ar Jaunā laikmeta, numeroloģijas, kabalas vai mistiskajām "gaismas" mācībām?
- Grupveida atteikšanās no viltus gaismas un atkārtota veltīšanās Jēzum kā vienīgajai Gaismai.
- Izmantojiet sāls un gaismas tēlus — iedodiet katram dalībniekam šķipsniņu sāls un sveci, lai paziņotu: "Es esmu sāls un gaisma tikai Kristū."

Galvenā atziņa
Ne visa gaisma ir svēta. Tas, kas apgaismo ārpus Kristus, galu galā visu pārņems.

Pārdomu žurnāls

- Vai esmu meklējis zināšanas, spēku vai dziedināšanu ārpus Dieva Vārda?
- No kādiem garīgiem rīkiem vai mācībām man ir jāatbrīvojas?
- Vai ir kāds, ko esmu iepazīstinājis ar Jaunā laikmeta vai "gaismas" praksēm, kuru man tagad vajadzētu vadīt atpakaļ?

Atbrīvošanas lūgšana
Tēvs, es esmu vienojies ar katru viltus gaismas, misticisma un slepenu zināšanu garu. Es atsakos no kabalas, numeroloģijas, svētās ģeometrijas un katra tumšā koda, kas izliekas par gaismu. Es pasludinu, ka Jēzus ir manas dzīves gaisma. Es attālinos no maldu ceļa un speru soli patiesībā. Attīri mani ar Savu uguni un piepildi mani ar Svēto Garu. Jēzus vārdā. Āmen.

29. DIENA: ILLUMINATU PLIVS — ELITES OKULTĀTO TĪKLU ATMASKOŠANA

"*Zemes ķēniņi nostājas un valdnieki sanāk kopā pret To Kungu un Viņa Svaidīto.*" — Psalms 2:2
"*Nekas nav apslēpts, kas netiktu atklāts, un nekas apslēpts, kas nenāktu gaismā.*" — Lūkas 8:17

Mūsu pasaulē ir pasaule. Slēpta redzamā vietā.

No Holivudas līdz augstajam finanšu aprindām, no politiskajiem koridoriem līdz mūzikas impērijām, tumšu alianšu un garīgu līgumu tīkls pārvalda sistēmas, kas veido kultūru, domu un varu. Tā ir vairāk nekā sazvērestība — tā ir sena sacelšanās, kas pārveidota mūsdienu skatuvei.

Illuminati savā būtībā nav vienkārši slepena biedrība — tā ir luciferiska programma. Garīga piramīda, kur tie, kas atrodas augšgalā, zvēr uzticību ar asinīm, rituāliem un dvēseļu apmaiņu, bieži vien ietērpjot to simbolos, modē un popkultūrā, lai kondicionētu masas.

Šeit nav runa par paranoju. Šeit ir runa par apzinātību.

ĪSTS STĀSTS — CEĻOJUMS no slavas līdz ticībai

Markuss bija daudzsološs mūzikas producents ASV. Kad viņa trešais lielais hits sasniedza topus, viņš tika iepazīstināts ar ekskluzīvu klubu — ietekmīgi vīrieši un sievietes, garīgie "mentori", slepenībā piesūcināti līgumi. Sākumā tas šķita kā elites mentorēšana. Tad nāca "piesaukšanas" sesijas — tumšas istabas, sarkanas gaismas, dziedājumi un spoguļa rituāli. Viņš sāka piedzīvot ārpusķermeņa ceļojumus, balsis, kas naktīs čukstēja viņam dziesmas.

Kādu nakti, ietekmē un mokās, viņš mēģināja atņemt sev dzīvību. Bet Jēzus iejaucās. Lūdzošas vecmāmiņas aizlūgums izlauzās cauri. Viņš aizbēga, atteicās no sistēmas un uzsāka garu atbrīvošanās ceļojumu. Šodien viņš atmasko industrijas tumsu caur mūziku, kas liecina par gaismu.

SLĒPTĀS KONTROLES SISTĒMAS

- **Asins upuri un seksuālie rituāli** — iesvētīšana varā prasa apmaiņu: ķermeni, asinis vai nevainību.
- **Prāta programmēšana (MK Ultra modeļi)** – tiek izmantota medijos, mūzikā, politikā, lai radītu sadrumstalotas identitātes un apstrādātājus.
- **Simbolisms** – piramīdas acis, fēniksi, rūtiņu grīdas, pūces un apgrieztas zvaigznes – uzticības vārti.
- **Luciferisma doktrīna** – "Dari, ko vēlies", "Kļūsti pats par savu dievu", " Gaismas nesēja apgaismība".

Rīcības plāns – atbrīvošanās no elites tīkliem

1. **Nožēlojiet** savu dalību jebkurā sistēmā, kas saistīta ar okultu pilnvarošanu, pat neapzināti (mūzika, mediji, līgumi).
2. **Atteikties no** slavas par katru cenu, slēptām derībām vai aizraušanās ar elitāru dzīvesveidu.
3. **Lūdziet Dievu par** katru līgumu, zīmolu vai tīklu, kurā esat iesaistīts. Lūdziet Svētajam Garam atklāt slēptās saites.
4. **Skaļi paziņojiet :**

"Es noraidu visas tumsas sistēmas, zvērestus un simbolus. Es piederu Gaismas Valstībai. Mana dvēsele nav pārdošanā!"

1. **Enkura raksti :**
    - Jesajas 28:15–18 – Derība ar nāvi nepastāvēs.
    - 2. psalms — Dievs smejas par ļaunām sazvērestībām
    - 1. korintiešiem 2:6–8 — Šī laika valdnieki nesaprot Dieva gudrību.

GRUPAS PIETEIKUMS

- Vadiet grupu **simbolu attīrīšanas** sesijā — atnesiet attēlus vai logotipus, par kuriem dalībniekiem ir jautājumi.
- Mudiniet cilvēkus dalīties informācijā par to, kur viņi ir redzējuši iluminātu zīmes popkultūrā un kā tas ir ietekmējis viņu uzskatus.
- Aiciniet dalībniekus **no jauna veltīt savu ietekmi** (mūziku, modi, medijus) Kristus nodomam.

Galvenā atziņa
Visspēcīgākais malds ir tas, kas slēpjas aiz glamūra. Bet, kad maska tiek noņemta, važas pārtrūkst.

Pārdomu žurnāls

- Vai mani piesaista simboli vai kustības, kuras es pilnībā nesaprotu?
- Vai esmu devis solījumus vai vienošanās, dzenoties pēc ietekmes vai slavas?
- Kura daļa no manas dāvanas vai platformas man atkal jāatdod Dievam?

Brīvības lūgšana
Tēvs, es noraidu visas slēptās struktūras, zvērestus un iluminātu un elites okultisma ietekmi. Es atsakos no slavas bez Tevis, no varas bez mērķa un no zināšanām bez Svētā Gara. Es atceļu katru asins vai vārda derību, kas jebkad noslēgta pār mani, apzināti vai neapzināti. Jēzu, es Tevi ieceļu kā Kungu pār manu prātu, dāvanām un likteni. Atmasko un iznīcini katru neredzamo ķēdi. Tavā vārdā es ceļos un staigāju gaismā. Āmen.

30. DIENA: NOSLĒPUMU SKOLAS — SENI NOSLĒPUMI, MŪSDIENU VERDZĪBA

"*Viņu rīkle ir atvērti kapi, viņu mēles runā viltību. Odžu inde ir uz viņu lūpām.*" — Romiešiem 3:13
"*Nesauciet visu, ko šī tauta sauc par sazvērestību, nebīstieties no tā, no kā bīstas viņi paši... Turiet svētu To Kungu Visvareno...*" — Jesajas 8:12–13

Ilgi pirms iluminātu laikiem pastāvēja senās mistēriju skolas — Ēģipte, Babilona, Grieķija, Persija —, kas bija paredzētas ne tikai "zināšanu" nodošanai, bet arī pārdabiska spēka modināšanai, izmantojot tumšus rituālus. Mūsdienās šīs skolas atdzimst elites universitātēs, garīgās retrītos, "izpratnes" nometnēs un pat tiešsaistes apmācību kursos, kas maskējas kā personības attīstība vai augsta līmeņa apziņas atmoda.

No kabalas aprindām līdz teosofijai, hermētiskajiem ordeņiem un rozenkreiceriešiem — mērķis ir viens un tas pats: "kļūt līdzīgiem dieviem", atmodināt apslēpto spēku, nepakļaujoties Dievam. Slēptās dziedāšanas, svētā ģeometrija, astrālā projekcija, čiekurveida dziedājuma atvēršana un ceremoniālie rituāli daudzus ieved garīgā verdzībā "gaismas" aizsegā.

Bet katra "gaisma", kas nesakņojas Jēzū, ir viltus gaisma. Un katrs slēpts zvērests ir jālauž.

Īsts stāsts — no prasmīga līdz pamestam

Sandra*, labsajūtas trenere no Dienvidāfrikas, tika iesvētīta Ēģiptes mistēriju ordenī, izmantojot mentoringa programmu. Apmācība ietvēra čakru saskaņošanu, saules meditācijas, mēness rituālus un seno gudrību ruļļu lasīšanu. Viņa sāka piedzīvot "lejupielādes" un "pacelšanās", taču drīz vien tās pārauga panikas lēkmēs, miega paralīzē un pašnāvības lēkmēs.

Kad atbrīvošanas kalpotājs atklāja avotu, Sandra saprata, ka viņas dvēsele ir saistīta ar zvērestiem un garīgiem līgumiem. Atteikšanās no ordeņa nozīmēja ienākumu un sakaru zaudēšanu, taču viņa atguva brīvību. Šodien viņa vada dziedināšanas centru, kura centrā ir Kristus, brīdinot citus par Jaunā laikmeta maldināšanu.

Mūsdienu mistērijas skolu kopīgās iezīmes

- **Kabalas apļi** – ebreju misticisms, kas sajaukts ar numeroloģiju, eņģeļu pielūgsmi un astrālajām plaknēm.
- **Hermētisms** – doktrīna "Kā augšā, tā apakšā"; dvēseles pilnvarošana manipulēt ar realitāti.
- **Rozenkreiceri** – slepenas kārtas, kas saistītas ar alķīmisku transformāciju un garu pacelšanos.
- **Brīvmūrniecība un ezotēriskās brālības** – daudzslāņaina progresēšana slēptā gaismā; katru pakāpi saista zvēresti un rituāli.
- **Garīgās rekolekcijas** – psihedēliskas "apgaismības" ceremonijas ar šamaņiem vai "ceļvežiem".

Rīcības plāns – Seno jūgu salauzšana

1. **Atteikties no** visām derībām, kas noslēgtas iniciāciju, kursu vai garīgu līgumu ceļā ārpus Kristus.
2. **Atcelt** katra "gaismas" vai "enerģijas" avota spēku, kas nav sakņots Svētajā Garā.
3. **Attīriet** savu māju no simboliem: ankhiem, Hora acs, svētās ģeometrijas, altāriem, vīraka, statujām vai rituālu grāmatām.
4. **Skaļi paziņot** :

"Es noraidu katru seno un mūsdienu ceļu uz viltus gaismu. Es pakļaujos Jēzum Kristum, patiesajai Gaismai. Katrs slepens zvērests tiek lauzts ar Viņa asinīm."

ENKURA RAKSTI

- Kolosiešiem 2:8 – Nav tukšas un maldinošas filozofijas
- Jāņa 1:4–5 – Patiesā gaisma spīd tumsībā

- 1. korintiešiem 1:19–20 — Dievs iznīcina gudro gudrību

GRUPAS PIETEIKUMS

- Sarīkojiet simbolisku "rakstu dedzināšanas" vakaru (Apustuļu darbi 19:19) — kur grupas dalībnieki atnes un iznīcina jebkādas okultas grāmatas, rotaslietas un priekšmetus.
- Lūdziet Dievu par cilvēkiem, kuri meditācijas ceļā ir "lejupielādējuši" dīvainas zināšanas vai atvēruši trešās acs čakras.
- Izvediet dalībniekus cauri **"gaismas pārneses"** lūgšanai — lūdzot Svēto Garu pārņemt katru apgabalu, kas iepriekš bija pakļauts okultajai gaismai.

GALVENĀ ATZIŅA

Dievs neslēpj patiesību mīklās un rituālos — Viņš to atklāj caur Savu Dēlu. Sargieties no "gaismas", kas jūs ievelk tumsā.

PĀRDOMU ŽURNĀLS

- Vai esmu iestājies kādā tiešsaistes vai fiziskā skolā, kas sola seno gudrību, aktivizāciju vai noslēpumainas spējas?
- Vai ir kādas grāmatas, simboli vai rituāli, kurus es kādreiz uzskatīju par nekaitīgiem, bet tagad jūtos par tiem vainīgs?
- Kur esmu meklējis garīgu pieredzi vairāk nekā attiecības ar Dievu?

Atbrīvošanas lūgšana

Kungs Jēzu, Tu esi Ceļš, Patiesība un Gaisma. Es nožēloju katru ceļu, ko esmu gājis, apejot Tavu Vārdu. Es atsakos no visām mistēriju skolām, slepenajiem ordeņiem, zvērestiem un iniciācijām. Es pārtraucu dvēseles saites ar visiem ceļvežiem, skolotājiem, gariem un sistēmām, kas sakņojas senā maldināšanā.

Apstaro Savu gaismu katrā manas sirds slēptajā vietā un piepildi mani ar Sava Gara patiesību. Jēzus vārdā es staigāju brīvs. Āmen.

31. DIENA: KABALĀ, SVĒTĀ ĢEOMETRIJA UN ELITES GAISMAS MALDA

"Jo pats Sātans izliekas par gaismas eņģeli." — 2. korintiešiem 11:14
"Noslēpumainās lietas pieder Tam Kungam, mūsu Dievam, bet atklātās lietas pieder mums." — 5. Mozus 29:29

Mūsu garīgo zināšanu meklējumos slēpjas briesmas — "slēptās gudrības" vilinājums, kas sola spēku, gaismu un dievišķību neatkarīgi no Kristus. No slavenību aprindām līdz slepenām ložām, no mākslas līdz arhitektūrai, maldināšanas modelis vijas cauri visai pasaulei, ievilinot meklētājus ezotēriskajā **kabalas**, **svētās ģeometrijas** un **mistēriju mācību tīklā**.

Tās nav nekaitīgas intelektuālas izpētes. Tās ir ieejas garīgās derībās ar kritušajiem eņģeļiem, kas maskējas kā gaisma.

GLOBĀLĀS MANIFESTĀCIJAS

- **Holivuda un mūzikas industrija** — daudzas slavenības atklāti valkā kabalas aproces vai tetovē svētus simbolus (piemēram, Dzīvības koku), kuru izcelsme meklējama okultajā ebreju misticismā.
- **Mode un arhitektūra** — brīvmūrnieku dizaini un svētie ģeometriskie raksti (Dzīvības zieds, heksagrammas, Hora acs) ir iestrādāti apģērbā, ēkās un digitālajā mākslā.
- **Tuvie Austrumi un Eiropa** — kabalas studiju centri zeļ elites aprindās, bieži vien misticismu sajaucot ar numeroloģiju, astroloģiju un eņģeļu piesaukšanām.
- **Tiešsaistes un Jaunā laikmeta apļi visā pasaulē** — YouTube, TikTok

un podkāsti normalizē "gaismas kodus", "enerģijas portālus", "3–6–9 vibrācijas" un "dievišķās matricas" mācības, kuru pamatā ir svētā ģeometrija un kabalistiskie ietvari.

Patiess stāsts — Kad gaisma kļūst par meliem
Jana, 27 gadus veca sieviete no Zviedrijas, sāka iepazīt kabalu pēc tam, kad sekoja sava iecienītākā dziedātāja vārdiem, kurš to uzskatīja par viņas "radošo atmodu". Viņa iegādājās sarkano aukliņu aproci, sāka meditēt ar ģeometriskām mandalām un pētīja eņģeļu vārdus no seniem ebreju tekstiem.

Lietas sāka mainīties. Viņas sapņi kļuva dīvaini. Miegā viņa juta sev blakus būtnes, kas čukstēja gudrību — un tad pieprasīja asinis. Ēnas sekoja viņai, tomēr viņa ilgojās pēc vairāk gaismas.

Galu galā viņa nejauši uzdūrās atbrīvošanas video internetā un saprata, ka viņas mokas nebija garīga pacelšanās, bet gan garīga maldināšana. Pēc sešu mēnešu ilgas atbrīvošanas sesijas, gavēšanas un visu kabalistisko priekšmetu dedzināšanas viņas mājā sāka atgriezties miers. Tagad viņa savā emuārā brīdina citus: "Viltus gaisma mani gandrīz iznīcināja."

CEĻA ATPAZĪŠANA

Kabala, lai arī dažreiz ietērpta reliģiskos tērpos, noraida Jēzu Kristu kā vienīgo ceļu pie Dieva. Tā bieži vien cildina **"dievišķo es"**, veicina **kanālu veidošanu** un **dzīvības koka pacelšanos**, kā arī izmanto **matemātisko misticismu**, lai izsauktu spēku. Šīs prakses atver **garīgus vārtus** — nevis uz debesīm, bet gan uz būtnēm, kas maskējas kā gaismas nesējas.

Daudzas kabalistiskās doktrīnas krustojas ar:

- Brīvmūrniecība
- Rozenkreicerisms
- Gnosticisms
- Luciferiešu apgaismības kulti

Kopīgais saucējs? Dievības meklējumi bez Kristus.
Rīcības plāns – viltus gaismas atmaskošana un izdzīšana

1. **Nožēlojiet** katru saistību ar kabalu, numeroloģiju, svēto ģeometriju vai "mistērijas skolas" mācībām.
2. savās mājās esošos **priekšmetus, kas saistīti ar šīm praksēm — mandalas, altārus, kabalas tekstus, kristāla režģus, svēto simbolu rotaslietas.**
3. **Atsakieties no viltus gaismas gariem** (piemēram, Metatrona, Raziela, Šekinas mistiskā formā) un pavēliet katram viltotajam eņģelim aiziet.
4. **Iegremdējieties** Kristus vienkāršībā un pietiekamībā (2. korintiešiem 11:3).
5. **Gavē un svaidi** sevi — acis, pieri, rokas —, atsakoties no visas viltus gudrības un pasludinot savu uzticību tikai Dievam.

Grupas pieteikums

- Dalieties ar jebkādām saskarsmēm ar "gaismas mācībām", numeroloģiju, kabalas medijiem vai svētajiem simboliem.
- Grupā uzskaitiet frāzes vai uzskatus, kas izklausās "garīgi", bet ir pretrunā ar Kristu (piemēram, "Es esmu dievišķs", "Visums nodrošina", "Kristus apziņa").
- Svaidi katru cilvēku ar eļļu, vienlaikus pasludinot Jāņa 8:12 — *"Jēzus ir pasaules gaisma."*
- Sadedziniet vai izmetiet visus materiālus vai priekšmetus, kas atsaucas uz svēto ģeometriju, misticismu vai "dievišķajiem kodiem".

GALVENĀ ATZIŅA

Sātans nenāk pirmais kā iznīcinātājs. Viņš bieži nāk kā apgaismotājs — piedāvājot slepenas zināšanas un viltus gaismu. Bet šī gaisma ved tikai dziļākā tumsā.

Pārdomu žurnāls

- Vai esmu atvēris savu garu kādai "garīgajai gaismai", kas apgāja Kristu?
- Vai ir kādi simboli, frāzes vai objekti, kurus es uzskatīju par nekaitīgiem, bet tagad atpazīstu kā portālus?
- Vai esmu personīgo gudrību vērtējis augstāk par Bībeles patiesību?

Atbrīvošanas lūgšana

Tēvs, es atsakos no katras viltus gaismas, mistiskās mācības un slepenām zināšanām, kas ir aptinušas manu dvēseli. Es atzīstu, ka tikai Jēzus Kristus ir patiesā pasaules Gaisma. Es noraidu kabalu, svēto ģeometriju, numeroloģiju un visas dēmonu doktrīnas. Lai katrs viltots gars tagad tiek izrauts no manas dzīves. Attīri manas acis, manas domas, manu iztēli un manu garu. Es esmu tikai Tavs – gars, dvēsele un miesa. Jēzus vārdā. Āmen.

3. DIENA 2: ČŪSKAS GARS MŪSU IEKŠĒJĀ DZĪVOTĀJĀ — KAD ATBRĪVOŠANA NĀK PAR VĒLU

"Viņu acis pilnas laulības pārkāpšanas... viņi vilina nepastāvīgas dvēseles... viņi ir sekojuši Balaama ceļam... kam mūžīgi paredzēta tumsas vētra." — 2. Pētera 2:14–17

"Neļaujieties maldiem! Dievs nav apsmejams. Ko cilvēks sēj, to arī pļauj." — Galatiešiem 6:7

Pastāv dēmoniska viltošana, kas izliekas par apgaismību. Tā dziedina, dod enerģiju, dod spēku — bet tikai uz laiku. Tā čukst dievišķus noslēpumus, atver jūsu "trešo aci", atbrīvo spēku mugurkaulā — un tad **paverdzina jūs mokās**.

Tas ir **Kundalini**.

Čūskas **gars**.

Jaunā laikmeta viltus "svētais gars".

Kad šis spēks ir aktivizēts — ar jogas, meditācijas, psihedēlisku vielu, traumu vai okultu rituālu palīdzību —, tas savērpjas mugurkaula pamatnē un kā uguns paceļas caur čakrām. Daudzi uzskata, ka tā ir garīga atmoda. Patiesībā tā ir **dēmoniska apsēstība**, kas maskēta kā dievišķa enerģija.

Bet kas notiek, ja tas **nepazūd**?

Īsts stāsts – "Es nevaru to izslēgt"

Marisa, jauna kristiete no Kanādas, pirms savas dzīves atdošanas Kristum, bija iepazinusies ar "kristīgo jogu". Viņai patika mierīgās sajūtas, vibrācijas, gaismas vīzijas. Taču pēc vienas intensīvas nodarbības, kurā viņa juta, kā viņas mugurkauls "aizdegas", viņa zaudēja samaņu un pamodās nespēdama elpot. Tajā naktī kaut kas sāka **mocīt viņas miegu**, griežot viņas ķermeni, sapņos parādoties kā "Jēzus", bet ņirgājoties par viņu.

Viņa tika **atbrīvota** piecas reizes. Gari aizgāja, bet atgriezās. Viņas mugurkauls joprojām vibrēja. Viņas acis nepārtraukti redzēja garu valstību.

Viņas ķermenis neviļus kustējās. Neskatoties uz pestīšanu, viņa tagad gāja cauri ellei, ko saprata tikai retais kristiešu vidū. Viņas gars bija izglābts, bet viņas dvēsele bija **sagrauta, sašķelta un sadrumstalota** .

Sekas, par kurām neviens nerunā

- **Trešā acs paliek atvērta** : pastāvīgas vīzijas, halucinācijas, garīgs troksnis, "eņģeļi", kas runā melus.
- **Ķermenis nebeidz vibrēt** : nekontrolējama enerģija, spiediens galvaskausā, sirdsklauves.
- **Nepārtrauktas mokas** : Pat pēc 10+ atbrīvošanas sesijām.
- **Izolācija** : Mācītāji nesaprot. Baznīcas ignorē problēmu. Cilvēks tiek apzīmēts kā "nestabils".
- **Bailes no elles** : Ne grēka dēļ, bet gan moku dēļ, kas nevēlas beigties.

Vai kristieši var sasniegt neatgriešanās punktu?

Jā — šajā dzīvē. Jūs varat tikt **glābti** , bet tik sadrumstaloti, ka **jūsu dvēsele cieš mokas līdz nāvei** .

Tas nav baiļu kurināšana. Šis ir **pravietisks brīdinājums** .

Globāli piemēri

- **Āfrika** – Viltus pravieši dievkalpojumu laikā atbrīvo kundalini uguni — cilvēki raustās krampjos, puto, smejas vai rēc.
- **Āzijā** jogas meistari paceļas "sidhi" (dēmoniskas apsēstības) stāvoklī un sauc to par dievišķo apziņu.
- **Eiropa/Ziemeļamerika** — neoharizmatiskas kustības, kas pauž "godības valstības", rej, smejas, nekontrolējami krīt — nevis no Dieva.
- **Latīņamerika** – šamaņu atmodas, kurās ajavasku (augu izcelsmes zāles) izmanto, lai atvērtu garīgas durvis, kuras viņi nevar aizvērt.

RĪCĪBAS PLĀNS — JA esat aizgājis par tālu

1. **Atzīstiet precīzu portālu** : Kundalini joga, trešās acs meditācijas, Jaunā laikmeta baznīcas, psihedēliski līdzekļi utt.

2. **Beidziet visu atbrīvošanās meklēšanu** : Daži gari mocās ilgāk, ja jūs turpināt tos iedvest bailēs.
3. **KATRU DIENU noenkurojieties Svētajos Rakstos** — īpaši 119. psalmā, Jesajas 61. nodaļā un Jāņa 1. nodaļā. Tie atjauno dvēseli.
4. **Pakļaujieties kopienai** : Atrodiet vismaz vienu ar Svēto Garu piepildītu ticīgo, ar kuru kopā staigāt. Izolācija dod spēku dēmoniem.
5. **Atsakies no jebkādas garīgas "redzes", uguns, zināšanas, enerģijas** — pat ja tā šķiet svēta.
6. **Lūdz Dievam žēlastību** — ne reizi vien. Katru dienu. Katru stundu. Neatlaidīgi. Dievs to varbūt neatņems uzreiz, bet Viņš tevi nesīs.

GRUPAS PIETEIKUMS

- Atvēliet laiku klusai pārdomām. Pajautājiet: Vai esmu tiecies pēc garīgā spēka, nevis garīgās šķīstības?
- Lūdziet Dievu par tiem, kas piedzīvo nemitīgas mokas. NEsoliet tūlītēju brīvību — soliet **mācekļību**.
- Māciet atšķirību starp **Gara augļiem** (Galatiešiem 5:22–23) un **dvēseliskām izpausmēm** (trīcēšanu, karstumu, vīzijas).
- Sadedzini vai iznīcini katru jaunā laikmeta priekšmetu: čakru simbolus, kristālus, jogas paklājiņus, grāmatas, eļļas, "Jēzus kartītes".

Galvenā atziņa

Ir **robeža**, ko var pārkāpt — kad dvēsele kļūst par atvērtiem vārtiem un atsakās aizvērties. Tavs gars var tikt glābts... bet tava dvēsele un ķermenis joprojām var dzīvot mokās, ja tevi ir apgānījusi okultā gaisma.

Pārdomu žurnāls

- Vai es jebkad esmu vairāk tiecies pēc varas, uguns vai pravietiskas redzes, nevis pēc svētuma un patiesības?
- Vai esmu atvēris durvis caur "kristianizētām" jaunā laikmeta praksēm?
- Vai esmu gatavs **katru dienu staigāt** ar Dievu, pat ja pilnīgai atbrīvošanai nepieciešami gadi?

Izdzīvošanas lūgšana

Tēvs, es saucu pēc žēlastības. Es atsakos no katra čūskas gara, Kundalini spēka, trešās acs atvēršanas, viltus uguns vai jaunā laikmeta viltojuma, ko jebkad esmu pieskāries. Es atdodu savu dvēseli – salauztu tādu, kāda tā ir – atpakaļ Tev. Jēzu, glāb mani ne tikai no grēka, bet arī no mokām. Aizslēdz manus vārtus. Dziedini manu prātu. Aizver manas acis. Saspied čūsku manā mugurkaulā. Es gaidu Tevi pat sāpēs. Un es nepadošos. Jēzus vārdā. Āmen.

33. DIENA: ČŪSKAS GARS MŪSU IEKŠĒJĀ — KAD ATBRĪVOŠANA NĀK PAR VĒLU

"*Viņu acis pilnas laulības pārkāpšanas... viņi vilina nepastāvīgas dvēseles... viņi ir sekojuši Balaama ceļam... kam mūžīgi paredzēta tumsas vētra.*"
— 2. Pētera 2:14–17

"*Neļaujieties maldiem! Dievs nav apsmejams. Ko cilvēks sēj, to arī pļauj.*" — Galatiešiem 6:7

Pastāv dēmoniska viltošana, kas izliekas par apgaismību. Tā dziedina, dod enerģiju, dod spēku — bet tikai uz laiku. Tā čukst dievišķus noslēpumus, atver jūsu "trešo aci", atbrīvo spēku mugurkaulā — un tad **paverdzina jūs mokās**.

Tas ir **Kundalini**.

Čūskas **gars**.

Jaunā laikmeta viltus "svētais gars".

Kad šis spēks ir aktivizēts — ar jogas, meditācijas, psihedēlisku vielu, traumu vai okultu rituālu palīdzību —, tas savērpjas mugurkaula pamatnē un kā uguns paceļas caur čakrām. Daudzi uzskata, ka tā ir garīga atmoda. Patiesībā tā ir **dēmoniska apsēstība**, kas maskēta kā dievišķa enerģija.

Bet kas notiek, ja tas **nepazūd**?

Īsts stāsts – "Es nevaru to izslēgt"

Marisa, jauna kristiete no Kanādas, pirms savas dzīves atdošanas Kristum, bija iepazinusies ar "kristīgo jogu". Viņai patika mierīgās sajūtas, vibrācijas, gaismas vīzijas. Taču pēc vienas intensīvas nodarbības, kurā viņa juta, kā viņas mugurkauls "aizdegas", viņa zaudēja samaņu un pamodās nespēdama elpot. Tajā naktī kaut kas sāka **mocīt viņas miegu**, griežot viņas ķermeni, sapņos parādoties kā "Jēzus", bet ņirgājoties par viņu.

Viņa tika **atbrīvota** piecas reizes. Gari aizgāja, bet atgriezās. Viņas mugurkauls joprojām vibrēja. Viņas acis nepārtraukti redzēja garu valstību.

Viņas ķermenis neviļus kustējās. Neskatoties uz pestīšanu, viņa tagad gāja cauri ellei, ko saprata tikai retais kristiešu vidū. Viņas gars bija izglābts, bet viņas dvēsele bija **sagrauta, sašķelta un sadrumstalota**.

Sekas, par kurām neviens nerunā

- **Trešā acs paliek atvērta** : pastāvīgas vīzijas, halucinācijas, garīgs troksnis, "eņģeļi", kas runā melus.
- **Ķermenis nebeidz vibrēt** : nekontrolējama enerģija, spiediens galvaskausā, sirdsklauves.
- **Nepārtrauktas mokas** : Pat pēc 10+ atbrīvošanas sesijām.
- **Izolācija** : Mācītāji nesaprot. Baznīcas ignorē problēmu. Cilvēks tiek apzīmēts kā "nestabils".
- **Bailes no elles** : Ne grēka dēļ, bet gan moku dēļ, kas nevēlas beigties.

Vai kristieši var sasniegt neatgriešanās punktu?

Jā — šajā dzīvē. Jūs varat tikt **glābti**, bet tik sadrumstaloti, ka **jūsu dvēsele cieš mokas līdz nāvei**.

Tas nav baiļu kurināšana. Šis ir **pravietisks brīdinājums**.

Globāli piemēri

- **Āfrika** – Viltus pravieši dievkalpojumu laikā atbrīvo kundalini uguni — cilvēki raustās krampjos, puto, smejas vai rēc.
- **Āzijā** jogas meistari paceļas "sidhi" (dēmoniskas apsēstības) stāvoklī un sauc to par dievišķo apziņu.
- **Eiropa/Ziemeļamerika** — neoharizmatiskas kustības, kas pauž "godības valstības", rej, smejas, nekontrolējami krīt — nevis no Dieva.
- **Latīņamerika** – šamaņu atmodas, kurās ajavasku (augu izcelsmes zāles) izmanto, lai atvērtu garīgas durvis, kuras viņi nevar aizvērt.

Rīcības plāns — ja esat aizgājis par tālu

1. **Atzīstiet precīzu portālu** : Kundalini joga, trešās acs meditācijas, Jaunā laikmeta baznīcas, psihedēliski līdzekļi utt.
2. **Beidziet visu atbrīvošanās meklēšanu** : Daži gari mocās ilgāk, ja jūs turpināt tos iedvest bailēs.

3. **KATRU DIENU noenkurojieties Svētajos Rakstos** — īpaši 119. psalmā, Jesajas 61. nodaļā un Jāņa 1. nodaļā. Tie atjauno dvēseli.
4. **Pakļaujieties kopienai** : Atrodiet vismaz vienu ar Svēto Garu piepildītu ticīgo, ar kuru kopā staigāt. Izolācija dod spēku dēmoniem.
5. **Atsakies no jebkādas garīgas "redzes", uguns, zināšanas, enerģijas** — pat ja tā šķiet svēta.
6. **Lūdz Dievam žēlastību** — ne reizi vien. Katru dienu. Katru stundu. Neatlaidīgi. Dievs to varbūt neatņems uzreiz, bet Viņš tevi nesīs.

Grupas pieteikums

- Atvēliet laiku klusai pārdomām. Pajautājiet: Vai esmu tiecies pēc garīgā spēka, nevis garīgās šķīstības?
- Lūdziet Dievu par tiem, kas piedzīvo nemitīgas mokas. NEsoliet tūlītēju brīvību — soliet **mācekļību** .
- Māciet atšķirību starp **Gara augļiem** (Galatiešiem 5:22–23) un **dvēseliskām izpausmēm** (trīcēšanu, karstumu, vīzijas).
- Sadedzini vai iznīcini katru jaunā laikmeta priekšmetu: čakru simbolus, kristālus, jogas paklājiņus, grāmatas, eļļas, "Jēzus kartītes".

Galvenā atziņa

Ir **robeža**, ko var pārkāpt — kad dvēsele kļūst par atvērtiem vārtiem un atsakās aizvērties. Tavs gars var tikt glābts... bet tava dvēsele un ķermenis joprojām var dzīvot mokās, ja tevi ir apgānījusi okultā gaisma.

Pārdomu žurnāls

- Vai es jebkad esmu vairāk tiecies pēc varas, uguns vai pravietiskas redzes, nevis pēc svētuma un patiesības?
- Vai esmu atvēris durvis caur "kristianizētām" jaunā laikmeta praksēm?
- Vai esmu gatavs **katru dienu staigāt** ar Dievu, pat ja pilnīgai atbrīvošanai nepieciešami gadi?

Izdzīvošanas lūgšana

Tēvs, es saucu pēc žēlastības. Es atsakos no katra čūskas gara, Kundalini spēka, trešās acs atvēršanas, viltus uguns vai jaunā laikmeta viltojuma, ko jebkad esmu pieskāries. Es atdodu savu dvēseli – salauztu tādu, kāda tā ir – atpakaļ Tev. Jēzu, glāb mani ne tikai no grēka, bet arī no mokām. Aizslēdz manus vārtus. Dziedini manu prātu. Aizver manas acis. Saspied čūsku manā mugurkaulā. Es gaidu Tevi pat sāpēs. Un es nepadošos. Jēzus vārdā. Āmen.

34. DIENA: MŪRSNIEKI, KODI UN LĀSTI — Kad brālība kļūst par verdzību

"*Nepiedalieties neauglīgajos tumsības darbos, bet gan atmaskojiet tos.*" — Efeziešiem 5:11

"*Neslēdziet derību ar tiem, ne ar viņu dieviem.*" — 2. Mozus 23:32

Slepenās biedrības sola panākumus, saiknes un seno gudrību. Tās piedāvā **zvērestus, grādus un noslēpumus,** kas nodoti no paaudzes paaudzē "labiem cilvēkiem". Taču vairums cilvēku neapzinās: šīs biedrības ir **derības altāri**, kas bieži vien tiek celti uz asinīm, maldiem un dēmonisku uzticību.

No brīvmūrniecības līdz kabalai, no rozenkreiceriem līdz Skull & Bones — šīs organizācijas nav tikai klubi. Tie ir **garīgi līgumi**, kalti tumsā un apzīmogoti ar rituāliem, kas **nolād paaudzes**.

Daži pievienojās labprātīgi. Citiem bija senči, kas to darīja.

Jebkurā gadījumā lāsts paliek — līdz tas tiek lauzts.

Slēpts mantojums — Džeisona stāsts

Džeisonam, veiksmīgam baņķierim ASV, bija viss, kas viņam bija paveicies — skaista ģimene, bagātība un ietekme. Taču naktīs viņš pamodās, aizrijies, sapņos redzot figūras ar kapucēm un dzirdot burvestības. Viņa vectēvs bija bijis 33. pakāpes brīvmūrnieks, un Džeisons joprojām nēsāja gredzenu.

Reiz viņš jokojot deva masonu zvērestus kluba pasākumā, bet brīdī, kad viņš to izdarīja, **kaut kas viņā ienāca**. Viņa prāts sāka brukt. Viņš dzirdēja balsis. Viņu pameta sieva. Viņš centās tam visam pielikt punktu.

Rekolekcijās kāds pamanīja masonu saikni. Džeisons raudāja, **atsakoties no visiem zvērestiem**, salaužot gredzenu un trīs stundas piedzīvojot atbrīvošanu. Tajā naktī pirmo reizi gadu laikā viņš gulēja mierīgi.

Viņa liecība?

"*Ar slepenajiem altāriem nejoko. Tie runā — līdz brīdim, kad tos apklusini Jēzus vārdā.*"

BRĀLĪBAS GLOBĀLAIS tīmeklis

- **Eiropa** – brīvmūrniecība ir dziļi iesakņojusies uzņēmējdarbībā, politikā un baznīcu konfesijās.
- **Āfrika** – ilumināti un slepeni ordeņi, kas piedāvā bagātību apmaiņā pret dvēselēm; kulti universitātēs.
- **Latīņamerika** – jezuītu iefiltrēšanās un masonu rituāli, kas sajaukti ar katoļu misticismu.
- **Āzija** — senās mistēriju skolas, templu priesterība, kas saistīta ar paaudžu zvērestiem.
- **Ziemeļamerika** – Eastern Star, Scottish Rite, brālības kā Skull & Bones, Bohemian Grove elites.

Šie kulti bieži piesauc "Dievu", bet ne **Bībeles Dievu** — tie atsaucas uz **Lielo Arhitektu**, bezpersonisku spēku, kas saistīts ar **Lucifera gaismu**.

Pazīmes, ka jūs esat ietekmēts

- Hroniska slimība, ko ārsti nevar izskaidrot.
- Bailes no paaugstināšanas amatā vai bailes nošķirties no ģimenes sistēmām.
- Sapņi par tērpiem, rituāliem, slepenām durvīm, ložām vai dīvainām ceremonijām.
- Depresija vai neprāts vīriešu līnijā.
- Sievietes, kas cīnās ar neauglību, vardarbību vai bailēm.

Piegādes rīcības plāns

1. **Atsakieties no visiem zināmajiem zvērestiem** – it īpaši, ja jūs vai jūsu ģimene bija daļa no brīvmūrniecības, rozenkreiceru, Austrumu zvaigznes, Kabalas vai jebkuras citas "brālības".
2. **Pārkāpt katru pakāpi** – no iestājušos mācekļa līdz 33. pakāpei, pēc vārda.
3. **Iznīcini visus simbolus** – gredzenus, priekšautus, grāmatas, kulonus,

sertifikātus utt.
4. **Aizveriet vārtus** – garīgi un juridiski caur lūgšanu un deklarāciju.

Izmantojiet šos Svēto Rakstu pantus:

- Jesajas 28:18 — "Jūsu derība ar nāvi tiks atcelta."
- Galatiešiem 3:13 — "Kristus mūs ir atpestījis no bauslības lāsta."
- Ecēhiēla 13:20–23 — "Es saplēsīšu jūsu plīvurus un atbrīvošu Savu tautu."

Grupas pieteikums

- Pajautājiet, vai kādam no biedriem vecāki vai vecvecāki bija slepenās biedrībās.
- Vadi **vadītu atteikšanos,** izmantojot visas brīvmūrniecības pakāpes (šim nolūkam vari izveidot drukātu scenāriju).
- Izmantojiet simboliskas darbības — sadedziniet vecu gredzenu vai uzvelciet krustu pār pieri, lai anulētu rituālos atvērto "trešo aci".
- Lūdziet Dievu par prātiem, kakliem un mugurām — tās ir izplatītas verdzības vietas.

Galvenā atziņa
Brālība bez Kristus asinīm ir brālība verdzībā.
Jums jāizvēlas: derība ar cilvēku vai derība ar Dievu.
Pārdomu žurnāls

- Vai kāds manā ģimenē ir bijis iesaistīts brīvmūrniecībā, misticismā vai slepenu zvērestu slēgšanā?
- Vai esmu neapzināti skaitījis vai atdarinājis zvērestus, ticības apliecības vai simbolus, kas saistīti ar slepenām biedrībām?
- Vai esmu gatavs lauzt ģimenes tradīcijas, lai pilnībā dzīvotu Dieva derībā?

Atteikšanās lūgšana

Tēvs, Jēzus vārdā es atsakos no katras derības, zvēresta vai rituāla, kas saistīts ar brīvmūrniecību, kabalu vai jebkuru slepenu biedrību — manā dzīvē vai asinslīnijā. Es laužu katru pakāpi, katrus melus, visas dēmoniskās tiesības, kas tika piešķirtas caur ceremonijām vai simboliem. Es paziņoju, ka Jēzus Kristus ir mana vienīgā Gaisma, mans vienīgais Arhitekts un mans vienīgais Kungs. Es tagad saņemu brīvību, Jēzus vārdā. Āmen.

35. DIENA: RAGANAS SOLOS — KAD ĻAUNUMS IEBRAUCA PA BAZNĪCAS DURVĪM

"*Jo tādi cilvēki ir viltus apustuļi, krāpnieciski strādnieki, kas izliekas par Kristus apustuļiem. Un tas nav brīnums, jo pat Sātans izliekas par gaismas eņģeli.*" — 2. korintiešiem 11:13–14

"*Es zinu tavus darbus, tavu mīlestību un tavu ticību... Tomēr man ir kas pret tevi, ka tu pieļauj sievieti Jezabeli, kas sevi sauc par pravieti...*" — Atklāsmes 2:19–20

Visbīstamākā ragana nav tā, kas lido naktī, bet gan tā, kas **sēž tev blakus baznīcā**.

Viņi nevalkā melnas drēbes un nejāj ar slotām.

Viņi vada lūgšanu sanāksmes. Dzied pielūgsmes komandās. Pravieto mēlēs. Ir draudžu mācītāji. Un tomēr... viņi ir **tumsas nesēji**.

Daži precīzi zina, ko dara — tiek sūtīti kā garīgi slepkavas.

Citi ir senču burvestību vai sacelšanās upuri, darbojoties ar nešķīstām **dāvanām**.

Baznīca kā aizsegs — "Miriamas" stāsts

Miriama bija populāra atbrīvošanas kalpotāja lielā Rietumāfrikas baznīcā. Viņas balss pavēlēja dēmoniem bēgt. Cilvēki ceļoja pa dažādām tautām, lai viņa viņus svaidītu.

Bet Miriamai bija noslēpums: naktī viņa ceļoja ārpus sava ķermeņa. Viņa redzēja draudzes locekļu mājas, viņu vājības un viņu asinslīnijas. Viņa domāja, ka tas ir "pravietiskais".

Viņas spēks pieauga. Bet tāpat pieauga arī viņas mokas.

Viņa sāka dzirdēt balsis. Nevarēja aizmigt. Viņas bērniem uzbruka. Vīrs viņu pameta.

Beidzot viņa atzinās: bērnībā viņu "aktivizēja" vecmāmiņa, spēcīga ragana, kas lika viņai gulēt zem nolādētām segām.

"Es domāju, ka esmu piepildīts ar Svēto Garu. Tas bija gars... bet ne svēts."
Viņa piedzīvoja atbrīvošanu. Bet cīņa nekad nav beigusies. Viņa saka:
"Ja es nebūtu atzinies grēkos, es būtu miris uz altāra ugunī... baznīcā."

Slēptās burvestības globālā situācija baznīcā

- **Āfrika** – Garīga skaudība. Pravieši izmanto zīlēšanu, rituālus, ūdens garus. Daudzi altāri patiesībā ir portāli.
- **Eiropa** – gaišreģi, kas maskējas par "garīgajiem treneriem". Raganība, kas ietērpta jaunā laikmeta kristietībā.
- **Āzija** — templu priesterienes ieiet baznīcās, lai uzliktu lāstus un pievērstu cilvēkus astrālajiem monitoriem.
- **Latīņamerika** — Santerija — praktizējoši "mācītāji", kas sludina atbrīvošanu, bet naktī upurē vistas.
- **Ziemeļamerika** – kristīgās raganas, kas apgalvo, ka ir "Jēzus un taro", enerģijas dziednieki uz baznīcu skatuvēm un mācītāji, kas iesaistīti brīvmūrnieku rituālos.

Baznīcā darbojošās burvestības pazīmes

- Smaga atmosfēra vai apjukums dievkalpojuma laikā.
- Sapņi par čūskām, seksu vai dzīvniekiem pēc dievkalpojumiem.
- Vadība pēkšņi iekrīt grēkā vai skandālā.
- "Pravietojumi", kas manipulē, pavedina vai kaunina.
- Ikviens, kurš saka: "Dievs man teica, ka tu esi mans vīrs/sieva."
- Netālu no kanceles vai altāriem atrasti dīvaini priekšmeti.

PIEGĀDES RĪCĪBAS PLĀNS

1. **Lūdziet pēc izpratnes** — lūdziet Svētajam Garam atklāt, vai jūsu sadraudzībā ir apslēptas raganas.
2. **Pārbaudiet katru garu** — pat ja tas izklausās garīgs (1. Jāņa 4:1).

3. **Pārraut dvēseliskās saites** — ja par tevi ir lūgts, tev ir pravietots vai tevi ir aizskāris kāds nešķīsts cilvēks, **atsakies no tā**.
4. **Lūdziet Dievu par savu draudzi** — Pasludiniet Dieva uguni, lai atmaskotu katru slēpto altāri, slepenu grēku un garīgo dēli.
5. **Ja esat upuris** — meklējiet palīdzību. Neklusējiet un nepalieciet viens.

Grupas pieteikums

- Pajautājiet grupas dalībniekiem: Vai esat kādreiz juties neērti vai garīgi aizskarti baznīcas dievkalpojuma laikā?
- Vadīt **kopīgu attīrīšanas lūgšanu** sadraudzības labā.
- Svaidi katru cilvēku un pasludini **garīgu ugunsmūri** ap prātiem, altāriem un dāvanām.
- Māciet vadītājiem, kā **pārbaudīt dāvanas** un **garus**, pirms atļaut cilvēkiem ieņemt redzamas lomas.

Galvenā atziņa
Ne visi, kas saka "Kungs, Kungs", ir no Kunga.
Baznīca ir **galvenais garīgās piesārņošanas kaujas lauks**, bet arī dziedināšanas vieta, kad tiek atbalstīta patiesība.

Pārdomu žurnāls

- Vai esmu saņēmis lūgšanas, ieteikumus vai mentoringu no kāda, kura dzīve ir nesusi nestus augļus?
- Vai ir bijuši brīži, kad pēc baznīcas apmeklējuma es jutos "nepareizi", bet ignorēju to?
- Vai esmu gatavs stāties pretī burvestībām, pat ja tās valkā uzvalku vai dzied uz skatuves?

Atklāsmes un brīvības lūgšana
Kungs Jēzu, es Tev pateicos, ka Tu esi patiesā Gaisma. Es lūdzu Tevi tagad atmaskot katru slēpto tumsas aģentu, kas darbojas manā dzīvē un sadraudzībā vai ap to. Es atsakos no katras nesvētās mācīšanas, viltus pravietojumiem vai dvēseles saites, ko esmu saņēmis no garīgiem

krāpniekiem. Šķīstī mani ar Savām asinīm. Šķīsti manas dāvanas. Sargā manus vārtus. Sadedzini katru viltotu garu ar Savu svēto uguni. Jēzus vārdā. Āmen.

36. DIENA: KODĒTIE BURVESTĪBAS — KAD DZIESMAS, MODE UN FILMAS KĻŪST PAR PORTĀLIEM

"**N**epiedalieties neauglīgajos tumsas darbos, bet gan atmaskojiet tos." — Efeziešiem 5:11

"Nepiedalieties bezdievīgos pasakās un sievu pasakās, bet gan mācieties dievbijīgi dzīvot." — 1. Timotejam 4:7

Ne katra kauja sākas ar asins upuri.

Dažas sākas ar **ritmu**.

Melodiju. Aizraujošu dziesmu tekstu, kas iesūcas dvēselē. Vai **simbolu** uz drēbēm, ko uzskatījāt par "foršu".

Vai "nekaitīgu" šovu, kurā jūs skatāties uz āru, kamēr dēmoni smaida ēnās.

Mūsdienu hipersavienotajā pasaulē burvestība ir **iekodēta** — slēpjas **redzamā vietā,** izmantojot medijus, mūziku, filmas un modi.

Aptumšota skaņa — īsts stāsts: "Austiņas"

Elijam, 17 gadus vecam jaunietim no ASV, sākās panikas lēkmes, bezmiega naktis un dēmoniski sapņi. Viņa kristīgie vecāki domāja, ka tas ir stress.

Bet atbrīvošanas sesijas laikā Svētais Gars pamācīja komandu pajautāt par viņa **mūziku**.

Viņš atzinās: "Es klausos trap metālu. Es zinu, ka tas ir tumšs... bet tas man palīdz justies spēcīgam."

Kad komanda lūgšanā atskaņoja vienu no viņa mīļākajām dziesmām, notika **manifestācija**.

Ritmi bija kodēti ar **dziedājumu celiņiem** no okultiem rituāliem. Apgrieztā maskēšana atklāja tādas frāzes kā "pakļauj savu dvēseli" un "Lucifers runā".

Kad Elija izdzēsa mūziku, nožēloja grēkus un atteicās no savienojuma, atgriezās miers.

Karš bija ienācis pa viņa **ausīm**.

Globālās programmēšanas modeļi

- **Āfrika** – ar naudas rituāliem saistītas afrobīta dziesmas; dziesmu tekstos paslēptas atsauces uz "juju"; modes zīmoli ar jūras valstības simboliem.
- **Āzija** – K-pops ar sublimāliem seksuāliem un garu kanālu vēstījumiem; anime tēli, kas piesātināti ar sintoisma dēmonu tradīcijām.
- **Latīņamerika** – regetons, kurā tiek atskaņotas Santería dziesmas un atpakaļkodētas burvestības.
- **Eiropa** – Modes nami (Gucci, Balenciaga) iestrādā sātaniskus tēlus un rituālus modes kultūrā.
- **Ziemeļamerika** — Holivudas filmas, kurās iekodēta burvestība (Marvel, šausmu filmas, "gaismas pret tumsu" filmas); multfilmas, kurās burvestības tiek izmantotas izklaidei.

Common Entry Portals (and Their Spirit Assignments)

Media Type	Portal	Demonic Assignment
Music	Beats/samples from rituals	Torment, violence, rebellion
TV Series	Magic, lust, murder glorification	Desensitization, soul dulling
Fashion	Symbols (serpent, eye, goat, triangles)	Identity confusion, spiritual binding
Video Games	Sorcery, blood rites, avatars	Astral transfer, addiction, occult alignment
Social Media	Trends on "manifestation," crystals, spells	Sorcery normalization

RĪCĪBAS PLĀNS – IZPRATNE, Detoksikācija, Aizsardzība

1. **Pārbaudiet savu atskaņošanas sarakstu, garderobi un skatīšanās vēsturi**. Meklējiet okultu, iekāres pilnu, dumpīgu vai vardarbīgu saturu.
2. **Lūdziet Svēto Garu atmaskot** katru netaisnīgo ietekmi.
3. **Dzēst un iznīcināt**. Nepārdot un neziedot. Sadedzināt vai izmest miskastē jebko dēmonisku — fizisku vai digitālu.
4. **Svaidi savus rīkus**, istabu un ausis. Pasludiniet tos par svētītiem Dieva godam.
5. **Aizvietojiet ar patiesību** : pielūgsmes mūzika, dievbijīgas filmas, grāmatas un Svēto Rakstu lasījumi, kas atjauno jūsu prātu.

Grupas pieteikums

- Vadiet dalībniekus "Mediju inventarizācijas" veikšanā. Ļaujiet katram dalībniekam pierakstīt raidījumus, dziesmas vai priekšmetus, kurus, viņuprāt, varētu dēvēt par portāliem.
- Lūdziet Dievu, klausoties telefonos un austiņās. Svaidiet viņus.
- Veiciet grupas "detoksikācijas gavēni" — 3 līdz 7 dienas bez sekulāriem medijiem. Barojieties tikai ar Dieva Vārdu, pielūgsmi un sadraudzību.
- Sniedziet rezultātus nākamajā sanāksmē.

Galvenā atziņa
Dēmoniem vairs nav nepieciešama svētnīca, lai iekļūtu jūsu mājā. Viss, kas viņiem nepieciešams, ir jūsu piekrišana, lai nospiestu atskaņošanas pogu.

Pārdomu žurnāls

- Ko esmu redzējis, dzirdējis vai valkājis, kas varētu būt atvērtas durvis apspiešanai?
- Vai esmu gatavs atteikties no tā, kas mani izklaidē, ja tas mani arī paverdzina?
- Vai esmu normalizējis dumpi, iekāri, vardarbību vai izsmieklu

"mākslas" vārdā?

ATTĪRĪŠANĀS LŪGŠANA

Kungs Jēzu, es nāku Tavā priekšā, lūdzot pilnīgu garīgo attīrīšanos. Atklāj katru kodēto burvestību, ko esmu ielaidis savā dzīvē caur mūziku, modi, spēlēm vai medijiem. Es nožēloju to, ka skatos, valkāju un klausos to, kas Tevi apkauno. Šodien es pārrauju dvēseles saites. Es izdzenu katru dumpības, burvestības, iekāres, apjukuma vai moku garu. Attīri manas acis, ausis un sirdi. Tagad es veltu savu ķermeni, medijus un izvēles tikai Tev. Jēzus vārdā. Āmen.

37. DIENA: Neredzamie varas altāri — brīvmūrnieki, kabala un okultās elites

"*Atkal velns Viņu aizveda uz ļoti augstu kalnu un rādīja Viņam visas pasaules valstis un to godību, un sacīja: "Visu to es Tev došu," viņš teica, "ja Tu metīsies zemē un pielūgsi mani.""* — Mateja 4:8–9

"Jūs nevarat dzert Kunga kausu un ļauno garu kausu, jūs nevarat būt daļa pie Kunga galda un ļauno garu galda." — 1. Korintiešiem 10:21

Altāri ir paslēpti nevis alās, bet gan sanāksmju telpās.

Gari ne tikai džungļos, bet arī valdības ēkās, finanšu torņos, Ivy League bibliotēkās un svētnīcās, kas maskējas kā "baznīcas".

elites okultisma valstībā :

brīvmūrnieki, rozenkreiceri, kabalisti, jezuītu ordeņi, Austrumu zvaigznes un slēptās luciferiešu priesterības, kas **savu uzticību Sātanam maskē rituālos, slepenībā un simbolos**. Viņu dievi ir saprāts, vara un senās zināšanas, bet viņu **dvēseles ir veltītas tumsai**.

Slēpts redzamā vietā

- **Brīvmūrniecība** maskējas kā celtnieku brālība, tomēr tās augstākās pakāpes piesauc dēmoniskas būtnes, zvēr nāves zvērestus un slavina Luciferu kā "gaismas nesēju".
- **Kabala** sola mistisku piekļuvi Dievam, taču tā smalki aizstāj Jahvi ar kosmiskām enerģijas kartēm un numeroloģiju.
- **Jezuītu misticisms** savās sagrozītajās formās bieži vien apvieno katolisko tēlainību ar garīgu manipulāciju un pasaules sistēmu kontroli.
- **Holivuda, mode, finanses un politika** – tas viss nes kodētus vēstījumus, simbolus un **publiskus rituālus, kas patiesībā ir Lucifera pielūgsmes dievkalpojumi**.

Tev nav jābūt slavenībai, lai justos ietekmēts. Šīs sistēmas **piesārņo valstis**, izmantojot:

- Mediju programmēšana
- Izglītības sistēmas
- Reliģisks kompromiss
- Finansiālā atkarība
- Rituāli, kas maskēti kā "iniciācijas", "solījumi" vai "zīmola darījumi"

Patiess stāsts — "Lodža sagrāva manu dzimtu"

Solomons (vārds mainīts), veiksmīgs biznesa magnāts no Apvienotās Karalistes, pievienojās masonu ložai, lai veidotu kontaktus. Viņš ātri pacēlās slavā, iegūstot bagātību un prestižu. Taču viņam sāka rādīties arī šausminoši murgi — apmetņos tērpti vīri, kas viņu izsauc, asins zvēresti, tumši zvēri, kas viņu vajā. Viņa meita sāka sevi griezt, apgalvojot, ka viņu to pamudināja "klātbūtne".

Kādu nakti viņš savā istabā ieraudzīja vīrieti — pa pusei cilvēku, pa pusei šakāli —, kurš viņam teica: *"Tu esi mans. Cena ir samaksāta."* Viņš vērsās pie atbrīvošanas kalpošanas. Pagāja **septiņi mēneši atteikšanās, gavēņa, vemšanas rituālu un visu okulto saišu nomaiņas** —, pirms iestājās miers.

Vēlāk viņš atklāja: **viņa vectēvs bija 33. pakāpes mūrnieks. Viņš tikai neapzināti turpināja mantojumu.**

Globāls sasniedzamības līmenis

- **Āfrika** — slepenas biedrības starp cilšu valdniekiem, tiesnešiem, mācītājiem — zvēr uzticību asins zvērestiem apmaiņā pret varu.
- **Eiropa** — Maltas bruņinieki, iluminātu ložas un elites ezotēriskās universitātes.
- **Ziemeļamerika** — masonu fondi saskaņā ar lielāko daļu dibināšanas dokumentu, tiesu struktūrām un pat baznīcām.
- **Āzija** — slēpti pūķu kulti, senču kārtas un politiskās grupas, kas sakņojas budisma un šamanisma hibrīdos.
- **Latīņamerika** — sinkrētiskās sektas, kas sajauc katoļu svētos ar luciferiešu gariem, piemēram, Santa Muerte vai Bafometu.

Rīcības plāns — Izbēgšana no elites altāriem

1. **Atsakieties no** jebkādas iesaistīšanās brīvmūrniecībā, Austrumu zvaigznē, jezuītu zvērestos, gnostiskajās grāmatās vai mistiskajās sistēmās — pat no to "akadēmiskās" studijām.
2. **Iznīcini** regālijas, gredzenus, piespraudes, grāmatas, priekšautus, fotogrāfijas un simbolus.
3. **Lauziet vārdu lāstus** — īpaši nāves zvērestus un iesvētības solījumus. Izmantojiet Jesajas 28:18 ("Jūsu derība ar nāvi tiks atcelta...").
4. **Gavējiet 3 dienas,** lasot Ecēhiēla 8. nodaļu, Jesajas 47. nodaļu un Atklāsmes grāmatas 17. nodaļu.
5. **Nomainiet altāri** : No jauna veltiet sevi vienīgi Kristus altārim (Romiešiem 12:1–2). Svētā Vakarēdiena. Pielūgsme. Svaidīšana.

Tu nevari atrasties debesu pagalmos un Lucifera pagalmos vienlaikus. Izvēlies savu altāri.
Grupas pieteikums

- Izplānojiet savā reģionā izplatītākās elites organizācijas un lūdzieties tieši pret to garīgo ietekmi.
- Rīkojiet sesiju, kurā dalībnieki var konfidenciāli atzīties, ja viņu ģimenes ir bijušas iesaistītas brīvmūrniecībā vai līdzīgās sektās.
- Atnesiet eļļu un komūniju — vadiet masveida atteikšanos no zvērestiem, rituāliem un slepenībā noslēgtiem zīmogiem.
- Salauziet lepnumu — atgādiniet grupai: **neviena piekļuve nav jūsu dvēseles vērta.**

Galvenā atziņa
Slepenās biedrības sola gaismu. Bet tikai Jēzus ir pasaules gaisma. Visi pārējie altāri pieprasa asinis, bet nevar glābt.
Pārdomu žurnāls

- Vai kāds manā asinslīnijā bija iesaistīts slepenās biedrībās vai "ordeņos"?
- Vai esmu lasījis vai man piederējis okultisma grāmatas, kas maskētas

kā akadēmiski teksti?
- Kādi simboli (pentagrammas, visu redzošās acis, saules, čūskas, piramīdas) ir paslēpti manā apģērbā, mākslas darbos vai rotaslietās?

Atteikšanās lūgšana

Tēvs, es atsakos no katras slepenas biedrības, ložas, zvēresta, rituāla vai altāra, kas nav dibināts uz Jēzus Kristus pamata. Es laužu savu tēvu derības, savu asinslīniju un savu paša muti. Es noraidu brīvmūrniecību, kabalu, misticismu un katru slēptu paktu, kas noslēgts varas iegūšanai. Es iznīcinu katru simbolu, katru zīmogu un katru melu, kas solīja gaismu, bet nesa verdzību. Jēzu, es atkal ieceļu Tevi tronī kā savu vienīgo Skolotāju. Apstari Savu gaismu katrā slepenajā vietā. Tavā vārdā es staigāju brīvs. Āmen.

38. DIENA: DZEMDES DERĪBAS UN ŪDENS VALSTĪBAS — KAD LIKTENIS TIEK APGĀTINĀTS PIRMS DZIMŠANAS

"*Bezdievīgie ir atsvešinājušies jau no mātes miesām, tiklīdz piedzimst, viņi maldās, runājot melus.*" — Psalms 58:3
"*Pirms Es tevi radīju mātes miesās, Es tevi pazinu, pirms tu piedzimi, Es tevi svētīju...*" — Jeremijas 1:5

Ko darīt, ja cīņas, kurās jūs cīnāties, nesākās ar jūsu izvēlēm, bet gan ar jūsu ieņemšanu?

Ko darīt, ja tavs vārds tiktu izrunāts tumšās vietās, kamēr tu vēl biji mātes miesās?

Ko darīt, ja **tava identitāte tiktu apmainīta**, tavs **liktenis pārdots** un tava **dvēsele iezīmēta** — pirms tu ieelpotu pirmo reizi?

zemūdens iniciācijas, **jūras garu derību** un **okulto dzemdes apgalvojumu** realitāte, kas **saista paaudzes**, īpaši reģionos ar dziļiem senču un piekrastes rituāliem.

Ūdens valstība — Sātana tronis apakšā

Neredzamajā sfērā Sātans valda **ne tikai pār gaisu**. Viņš pārvalda arī **jūras pasauli** — plašu dēmonisku garu, altāru un rituālu tīklu zem okeāniem, upēm un ezeriem.

Jūras gari (parasti saukti par *Mami Wata*, *Piekrastes karalieni*, *garu sievām/vīriem* utt.) ir atbildīgi par:

- Priekšlaicīga nāve
- Neauglība un spontānie aborti
- Seksuāla verdzība un sapņi
- Garīgas mokas
- Slimības jaundzimušajiem

- Uzņēmumu uzplaukuma un krituma modeļi

Bet kā šie gari iegūst **likumīgu pamatu** ?
Pie dzemdes.
Neredzamas iniciācijas pirms dzimšanas

- **Senču veltījumi** – bērns, kas "apsolīts" dievībai, ja piedzimst vesels.
- **Okultās priesterienes** pieskaras dzemdei grūtniecības laikā.
- Ģimenes doti **derības vārdi — neapzināti godinot jūras karalienes vai garus.**
- **Dzimšanas rituāli,** kas veikti ar upes ūdeni, talismaniem vai augiem no svētnīcām.
- **Nabas saites apbedīšana** ar buramvārdiem.
- **Grūtniecība okultā vidē** (piemēram, brīvmūrnieku ložās, jaunā laikmeta centros, poligāmos kultos).

Daži bērni jau piedzimst verdzībā. Tāpēc viņi piedzimstot vardarbīgi kliedz — viņu gars sajūt tumsu.
Patiess stāsts — "Mans mazulis piederēja upei"
Džesika no Sjerraleones piecus gadus centās ieņemt bērnu. Visbeidzot, viņa palika stāvoklī pēc tam, kad "pravietis" iedeva viņai ziepes mazgāšanai un eļļu, ko ierīvēt viņas dzemdē. Bērns piedzima spēcīgs, bet trīs mēnešu vecumā sāka nepārtraukti raudāt, vienmēr naktī. Viņš ienīda ūdeni, kliedza vannošanās laikā un nekontrolējami drebēja, kad viņu veda upes tuvumā.

Kādu dienu viņas dēlam sākās krampji un viņš nomira uz 4 minūtēm. Viņš atdzīvojās un **9 mēnešu vecumā sāka runāt pilnos vārdos** : "Es šeit nepiederu. Es piederu karalienei."

Pārbijusies, Džesika meklēja atbrīvošanu. Bērns tika atbrīvots tikai pēc 14 dienu gavēņa un atteikšanās lūgšanām — viņas vīram bija jāiznīcina ģimenes elks, kas bija paslēpts viņa ciematā, pirms mokas beidzās.

Zīdaiņi nepiedzimst tukšām kājām. Viņi piedzimst cīņās, kurās mums jācīnās viņu vārdā.

GLOBĀLĀS PARALĒLES

- **Āfrika** – upju altāri, Mami Wata veltījumi, placentas rituāli.
- **Āzija** — ūdens gari, kurus piesauc budistu vai animistu dzimstības laikā.
- **Eiropa** — druīdu vecmāšu derības, senču ūdens rituāli, brīvmūrnieku veltījumi.
- **Latīņamerika** – Santerijas vārdu došana, upju gari (piemēram, Ošuns), dzimšana astroloģijas kartēs.
- **Ziemeļamerika** – Jaunā laikmeta dzemdību rituāli, hipnodzemdības ar garu pavadoņiem, mediju "svētību ceremonijas".

Dzemdes ierosinātas verdzības pazīmes

- Atkārtoti spontāno abortu modeļi paaudzēs
- Nakts bailes zīdaiņiem un bērniem
- Neizskaidrojama neauglība, neskatoties uz medicīnisko atļauju
- Pastāvīgi sapņi par ūdeni (okeāni, plūdi, peldēšana, nāras)
- Iracionālas bailes no ūdens vai noslīkšanas
- Sajūta, ka esi "pieprasīts" — it kā kaut kas tevi vēro jau no dzimšanas brīža

---

Rīcības plāns — Lauzt dzemdes derību

1. **Lūdziet Svētajam Garam** atklāt, vai jūs (vai jūsu bērns) tikāt iesvētīti caur dzemdes rituāliem.
2. **Atteikties no** jebkuras vienošanās, kas noslēgta grūtniecības laikā – apzināti vai neapzināti.
3. **Lūdziet Dievu par savu dzimšanas stāstu** — pat ja jūsu māte nav pieejama, runājiet kā savas dzīves likumīgais garīgais vārtu sargs.
4. **Gavējiet ar Jesajas grāmatas 49. nodaļu un 139. psalmu** – lai atgūtu savu dievišķo plānu.
5. **Ja esat grūtniece**: Iesvaidiet savu vēderu un katru dienu runājiet par savu nedzimušo bērnu:

"Jūs esat nošķirti Tam Kungam. Neviens ūdens, asiņu vai tumsas gars jūs nepieņems. Jūs piederat Jēzum Kristum – miesa, dvēsele un gars."

Grupas pieteikums

- Palūdziet dalībniekiem pierakstīt, ko viņi zina par savu dzimšanas stāstu, tostarp rituālus, vecmātes vai vārda došanas notikumus.
- Mudiniet vecākus no jauna iesvētīt savus bērnus "Kristus centrētā vārda došanas un derības dievkalpojumā".
- Vadiet lūgšanas, laužot ūdens derības, izmantojot *Jesajas 28:18*, *Kolosiešiem 2:14* un *Atklāsmes 12:11*.

Galvenā atziņa

Dzemde ir vārti — un tas, kas caur tiem iet, bieži vien ieiet ar garīgu bagāžu. Taču neviens dzemdes altāris nav lielāks par Krustu.

Pārdomu žurnāls

- Vai manā ieņemšanā vai dzimšanā bija iesaistīti kādi priekšmeti, eļļas, amuleti vai vārdi?
- Vai es piedzīvoju garīgus uzbrukumus, kas sākās bērnībā?
- Vai esmu neapzināti nodevis jūras derības saviem bērniem?

Atbrīvošanas lūgšana

Debesu Tēvs, Tu mani pazini jau pirms manas radīšanas. Šodien es laužu katru slēpto derību, ūdens rituālu un dēmonisko veltījumu, kas veikts manas dzimšanas laikā vai pirms tās. Es noraidu visus apgalvojumus par jūras gariem, pazīstamajiem gariem vai paaudžu dzemdes altāriem. Lai Jēzus asinis pārraksta manu dzimšanas stāstu un manu bērnu stāstu. Esmu dzimis no Gara, nevis no ūdens altāriem. Jēzus vārdā. Āmen.

39. DIENA: ŪDENS KRISTĪŠANA VERDZĪBĀ — KĀ ZĪDAIŅI, INICIĀĻI UN NEREDZAMĀS DERĪBAS ATVER DURVIS

"Viņi izlēja nevainīgas asinis, savu dēlu un meitu asinis, kuras viņi upurēja Kanaāna elkiem, un zeme tika apgānīta ar viņu asinīm." — Psalms 106:38

"Vai no karotājiem var atņemt laupījumu, vai no niknajiem var glābt gūstekņus?" Bet tā saka Tas Kungs: "Jā, no karotājiem atņems gūstekņus un no niknajiem atņems laupījumu..." — Jesajas 49:24–25

Daudzi likteņi ne tikai tika **novirzīti no sliedēm pieaugušā vecumā** — tie tika **nolaupīti jau zīdaiņa vecumā**.

Tā šķietami nevainīgā vārda došanas ceremonija...

Tā ikdieniškā iemērkšana upes ūdenī, lai "svētītu bērnu"...

Monēta rokā... Grieziens zem mēles... Eļļa no "garīgās vecmāmiņas"... Pat dzimšanas brīdī dotie iniciāļi...

Tie visi var šķist kultūras elementi. Tradicionāli. Nekaitīgi.

Bet tumsas valstība **slēpjas tradīcijās**, un daudzi bērni ir **slepeni iesvētīti**, pirms viņi jebkad varēja pateikt "Jēzus".

Īsts stāsts – "Mani nosauca upe"

Haiti zēns vārdā Maliks uzauga ar dīvainām bailēm no upēm un vētrām. Mazuļa vecumā vecmāmiņa viņu aizveda uz strautu, lai "iepazīstinātu garus" un iegūtu aizsardzību. Balsis viņš sāka dzirdēt 7 gadu vecumā. 10 gadu vecumā viņam bija nakts vizītes. 14 gadu vecumā viņš mēģināja izdarīt pašnāvību, jo vienmēr juta sev blakus esošu "klātbūtni".

Atbrīvošanas sanāksmē dēmoni izpaudās vardarbīgi, kliedzot: "Mēs iegājām pie upes! Mūs sauca vārdā!" Viņa vārds "Maliks" bija daļa no garīgās vārdu došanas tradīcijas, lai "godinātu upes karalieni". Līdz brīdim, kad viņš tika pārdēvēts Kristū, mokas turpinājās. Tagad viņš kalpo atbrīvošanā jauniešu vidū, kas iesprostoti senču veltījumos.

Kā tas notiek — slēptās lamatas

1. **Iniciāļi kā derības**
   Daži iniciāļi, īpaši tie, kas saistīti ar senču vārdiem, ģimenes dieviem vai ūdens dievībām (piemēram, "MM" = Mami/Jūras dievība; "OL" = Oya/Orisha līnija), darbojas kā dēmoniski paraksti.
2. **Zīdaiņu iemērkšanas upēs/strautos.**
   Tās tiek veiktas "aizsardzībai" vai "attīrīšanai", un tās bieži vien ir **kristības jūras garos**.
3. **Slepenas vārdu došanas ceremonijas,**
   kurās altāra vai svētnīcas priekšā tiek čukstēts vai izrunāts cits vārds (atšķirīgs no publiskā vārda).
4. **Dzimšanas zīmju rituāli.**
   Eļļas, pelni vai asinis, ko uzklāj uz pieres vai ekstremitātēm, lai "atzīmētu" bērnu garu klātbūtnei.
5. **Ar ūdeni barotas nabas saites apbedījumi**
   Nabas saites tika iemestas upēs, strautos vai apraktas ar ūdens buramvārdiem, piesienot bērnu pie ūdens altāriem.

Ja tavi vecāki tevi neslēdza derībā ar Kristu, pastāv iespēja, ka tevi pie sevis pieņēma kāds cits.

Globālās okultās dzemdes saistīšanas prakses

- **Āfrika** – mazuļu nosaukšana upju dievību vārdos, auklu aprakšana jūras altāru tuvumā.
- **Karību jūras reģions/Latīņamerika** — santerijas kristību rituāli, jorubu stila iesvētīšanas ar garšaugiem un upes priekšmetiem.
- **Āzija** – hinduistu rituāli, kas saistīti ar Gangas ūdeni, astroloģiski aprēķināta nosaukumu došana, kas saistīta ar elementu gariem.
- **Eiropa** — druīdu vai ezotēriskas nosaukšanas tradīcijas, piesaucot meža/ūdens sargus.
- **Ziemeļamerika** — vietējo iedzīvotāju rituālās iesvētīšanas, mūsdienu

Vikas bērnu svētības, jaunā laikmeta vārdu došanas ceremonijas, piesaucot "senos ceļvežus".

Kā es to zinu?

- Neizskaidrojamas agrīnās bērnības mokas, slimības vai "iedomāti draugi"
- Sapņi par upēm, nārām, ūdens dzenāšanām
- Riebums pret baznīcām, bet aizraušanās ar mistiskām lietām
- Dziļa sajūta, ka tevi "seko" vai vēro jau no dzimšanas brīža
- Atklājot otro vārdu vai nezināmu ceremoniju, kas saistīta ar jūsu zīdaiņa vecumu

Rīcības plāns – Atpestīt zīdaiņa vecumu

1. **Pajautājiet Svētajam Garam** : Kas notika, kad es piedzimu? Kādas garīgas rokas mani pieskārās?
2. **Atsakieties no visām slēptajām veltīšanām** , pat ja tās veiktas neziņā: "Es noraidu jebkuru derību, kas noslēgta manā vārdā, ja tā nav ar Kungu Jēzu Kristu."
3. **Pārraut saites ar senču vārdiem, iniciāļiem un žetoniem** .
4. **Izmantojiet Jesajas 49:24–26, Kolosiešiem 2:14 un 2. korintiešiem 5:17,** lai paziņotu par identitāti Kristū.
5. Ja nepieciešams, **rīkojiet atkārtotas iesvētīšanas ceremoniju** — no jauna nododiet sevi (vai savus bērnus) Dievam un, ja tiekat vadīts, pasludiniet jaunus vārdus.

GRUPAS PIETEIKUMS

- Aiciniet dalībniekus izpētīt savu vārdu stāstu.
- Radiet telpu garīgai pārdēvēšanai, ja tāda ir vadīta — ļaujiet cilvēkiem pieņemt tādus vārdus kā "Dāvids", "Estere" vai gara vadītas identitātes.
- Vadi grupu simboliskā *atkārtotā veltīšanās* kristībā — nevis

iegremdēšanā ūdenī, bet gan svaidīšanā un vārdos balstītā derībā ar Kristu.
- Lieciet vecākiem lūgšanā lauzt derības par saviem bērniem: "Jūs piederat Jēzum — nevienam garam, upei vai senču saitei nav juridiska pamata."

Galvenā atziņa
Tavs sākums ir svarīgs. Taču tam nav jānosaka tavs gals. Katru upes apgalvojumu var salauzt Jēzus asiņu upe.

Pārdomu žurnāls

- Kādi vārdi vai iniciāļi man tika doti, un ko tie nozīmē?
- Vai manas dzimšanas laikā bija slepeni vai kultūras rituāli, no kuriem man vajadzētu atteikties?
- Vai esmu patiesi veltījis savu dzīvi — savu ķermeni, dvēseli, vārdu un identitāti — Kungam Jēzum Kristum?

Pestīšanas lūgšana

Tēvs Dievs, es nāku Tavā priekšā Jēzus vārdā. Es atsakos no katras derības, veltījuma un rituāla, kas veikts manas dzimšanas brīdī. Es noraidu katru vārdu došanu, ūdens iesvētīšanu un senču pretenzijas. Vai nu caur iniciāļiem, vārdu došanu vai slēptiem altāriem – es atceļu visas dēmoniskās tiesības uz savu dzīvību. Es tagad paziņoju, ka esmu pilnībā Tavs. Mans vārds ir ierakstīts Dzīvības grāmatā. Manu pagātni sedz Jēzus asinis, un manu identitāti ir apzīmogojis Svētais Gars. Āmen.

40. DIENA: NO PIEGĀDĀTĀ LĪDZ PIEGĀDĀTĀJAM — TAVAS SĀPES IR TAVA IESVĒTĪŠANA

"*Bet tie ļaudis, kas pazīst savu Dievu, būs stipri un veiks varoņdarbus.*" — Daniēla 11:32

"*Tad Tas Kungs cēla soģus, kas viņus izglāba no šo laupītāju rokām.*" — Soģu 2:16

Tu netika atbrīvots, lai klusi sēdētu baznīcā.

Tu netiki atbrīvots tikai tāpēc, lai izdzīvotu. Tu tiki atbrīvots , **lai atbrīvotu citus** .

Tas pats Jēzus, kas dziedināja dēmonisko apsēsto Marka evaņģēlija 5. nodaļā, sūtīja viņu atpakaļ uz Dekapoli, lai pastāstītu šo stāstu. Nekāda semināra. Nekādas ordinācijas. Tikai **degoša liecība** un ugunī aizdedzināta mute.

Tu esi tas vīrietis. Tā sieviete. Tā ģimene. Tā tauta.

Sāpes, ko esi pārcietis, tagad ir tavs ierocis.

Mokas, no kurām esi izbēgis, ir tava trompete. Tas, kas tevi turēja tumsā, tagad kļūst par **tavas valdīšanas skatuvi**.

Patiess stāsts – no jūras kājnieku līgavas līdz atbrīvošanas kalpotājai

Rebeka no Kamerūnas bija jūras gara bijusī līgava. Viņa tika iesvētīta astoņu gadu vecumā piekrastes vārda došanas ceremonijā. 16 gadu vecumā viņa nodarbojās ar seksu sapņos, kontrolēja vīriešus ar savām acīm un ar burvestību palīdzību bija izraisījusi vairākas šķiršanās. Viņa bija pazīstama kā "skaistuma lāsts".

Kad universitātē viņa saskārās ar evaņģēliju, viņas dēmoni kļuva nevaldāmi. Bija nepieciešami seši mēneši gavēņa, atbrīvošanās un dziļas mācekļības, pirms viņa bija brīva.

Šodien viņa rīko atbrīvošanas konferences sievietēm visā Āfrikā. Pateicoties viņas paklausībai, tūkstošiem cilvēku ir tikuši atbrīvoti.

Kas būtu, ja viņa būtu klusējusi?

Apustuliskā augšupeja — dzimst globālie atbrīvotāji

- **Āfrikā** bijušie burvji tagad dibina baznīcas.
- **Āzijā** bijušie budisti sludina Kristu slepenās mājās.
- **Latīņamerikā** bijušie santerijas priesteri tagad salauž altārus.
- **Eiropā** bijušie okultisti vada skaidrojošas Bībeles studijas tiešsaistē.
- **Ziemeļamerikā** jaunā laikmeta maldu izdzīvojušie katru nedēļu vada atbrīvošanas Zoom sesijas.

Viņi ir **negaidītie**, salauztie, bijušie tumsas vergi, kas tagad soļo gaismā — un **tu esi viens no viņiem**.

Galīgais rīcības plāns — sāciet savu aicinājumu

1. **Uzraksti savu liecību** — pat ja tev šķiet, ka tā nav dramatiska. Kādam ir nepieciešams tavs brīvības stāsts.
2. **Sāc ar mazumiņu** — lūdz Dievu par draugu. Vadi Bībeles nodarbības. Pastāsti par savu atbrīvošanās procesu.
3. **Nekad nepārstājiet mācīties** — Nodevēji paliek Vārdā, nožēlo grēkus un saglabā modrību.
4. **Apsedz savu ģimeni** — Katru dienu pasludini, ka tumsa beidzas ar tevi un taviem bērniem.
5. **Izsludiniet garīgā kara zonas** — savā darbavietā, savās mājās, savā ielā. Esiet vārtu sargs.

Grupas nodošana ekspluatācijā

Šodien nav tikai dievkalpojums — tā ir **iesvētīšanas ceremonija**.

- Svaidiet viens otra galvas ar eļļu un sakiet:

"Tu esi atbrīvots, lai atbrīvotu. Celies, Dieva tiesnesis."

- Skaļi paziņojiet grupā:

"Mēs vairs neesam izdzīvojušie. Mēs esam karotāji. Mēs nesam gaismu, un tumsa trīc."

- Norīkojiet lūgšanu pārus vai atbildības partnerus, lai turpinātu augt drosmē un ietekmībā.

Galvenā atziņa
Lielākā atriebība pret tumsas valstību nav tikai brīvība.
Tā ir vairošanās.

Noslēguma pārdomu žurnāls

- Kurā brīdī es sapratu, ka esmu pārgājusi no tumsas gaismā?
- Kam jādzird mans stāsts?
- Kur es šonedēļ varu sākt apzināti spīdēt gaismu?
- Vai esmu gatavs tikt izsmiets, pārprasts un pretots — tikai tāpēc, lai atbrīvotu citus?

Iesvētīšanas lūgšana

Tēvs Dievs, es Tev pateicos par 40 uguns, brīvības un patiesības dienām. Tu mani neglābi tikai tāpēc, lai dotu man patvērumu – Tu mani atbrīvoji, lai atbrīvotu citus. Šodien es saņemu šo apmetni. Mana liecība ir zobens. Manas rētas ir ieroči. Manas lūgšanas ir āmuri. Mana paklausība ir pielūgsme. Tagad es staigāju Jēzus vārdā – kā uguns iekurtājs, atbrīvotājs, gaismas nesējs. Es esmu Tavs. Tumsai nav vietas manī un nav vietas ap mani. Es ieņemu savu vietu. Jēzus vārdā. Āmen.

360° IKDIENAS ATBRĪVOŠANAS UN VADĪBAS DEKLARĀCIJA – 1. daļa

"*Neviens ierocis, kas vērsts pret tevi, tev neizdosies, un ikvienu mēli, kas uzcelsies tiesā pret tevi, tu noraidīsi. Tas ir Tā Kunga kalpu mantojums...*"
- Jesajas 54:17

Šodien un katru dienu es pilnībā ieņemu savu vietu Kristū — garu, dvēseli un miesu.

Es aizveru visas durvis – zināmas un nezināmas – uz tumsas valstību.

Es pārtraucu jebkādu kontaktu, līgumu, derību vai kopību ar ļaunajiem altāriem, senču gariem, garu laulātajiem, okultām biedrībām, burvestībām un dēmoniskām aliansēm — pie Jēzus asinīm!

Es apliecinu, ka neesmu pārdošanā. Es neesmu pieejams. Mani nevar pieņemt darbā. Mani nevar atkārtoti pieņemt darbā.

Katra sātaniska atsaukšana, garīga novērošana vai ļauna izsaukšana — lai tiek izklīdināta ugunī Jēzus vārdā!

Es saistu sevi ar Kristus prātu, Tēva gribu un Svētā Gara balsi.

Es staigāju gaismā, patiesībā, spēkā, šķīstībā un mērķtiecībā.

Es aizvēru katru trešo aci, psihiskos vārtus un nešķīstos portālus, kas atvērti caur sapņiem, traumām, seksu, rituāliem, medijiem vai viltus mācībām.

Lai Dieva uguns aprij katru nelikumīgo noguldījumu manā dvēselē, Jēzus vārdā.

Es runāju ar gaisu, zemi, jūru, zvaigznēm un debesīm – jūs nedarbosieties pret mani.

Ikviens slēptais altāris, aģents, vērotājs vai čukstošs dēmons, kas vērsts pret manu dzīvību, ģimeni, aicinājumu vai teritoriju, lai Jēzus asinis atbruņo un apklusina viņus!

Es iegremdējos savā prātā Dieva Vārdu.

Es pasludinu, ka mani sapņi ir svētīti. Manas domas ir pasargātas. Mans miegs ir svēts. Mans ķermenis ir uguns templis.

Kopš šī brīža es eju 360 grādu atbrīvošanā — nekas netiek slēpts, nekas netiek palaists garām.

Katra ilgstošā verdzība sabrūk. Katrs paaudzes jūgs sašķīst. Katrs nenožēlots grēks tiek atklāts un attīrīts.

Es paziņoju:

- **Tumsai nav varas pār mani.**
- **Manas mājas ir ugunsgrēka zona.**
- **Mani vārti ir aizzīmogoti godībā.**
- **Es dzīvoju paklausībā un staigāju spēkā.**

Es ceļos kā atbrīvotājs savai paaudzei.

Es neatskatīšos. Es neatgriezīšos. Es esmu gaisma. Es esmu uguns. Es esmu brīvs. Jēzus varenajā vārdā. Āmen!

360° IKDIENAS ATBRĪVOŠANAS UN VADĪBAS DEKLARĀCIJA – 2. daļa

Aizsardzība pret burvestībām, burvestībām, nekromantiem, medijiem un dēmoniskiem kanāliem

Atbrīvošanās sev un citiem, kas atrodas viņu ietekmē vai gūstā

Attīrīšana un apklāšana ar Jēzus asinīm

Veseluma, identitātes un brīvības atjaunošana Kristū

Aizsardzība un brīvība no burvestībām, medijiem, nekromantiem un garīgās verdzības

(caur Jēzus asinīm un mūsu liecības vārdu)

"Un viņi to uzvarēja ar Jēra asinīm un ar savas liecības vārdu..."

- *Atklāsmes 12:11*

"Tas Kungs... izjauc viltus praviešu zīmes un padara zīlniekus par muļķiem... apstiprina Sava kalpa vārdu un piepilda Savu vēstnešu padomu."

— *Jesajas 44:25–26*

"Tā Kunga Gars ir uz manis... pasludināt brīvību gūstekņiem un atlaišanu saistītajiem..."

— *Lūkas 4:18*

SĀKUMA LŪGŠANA:

Dievs Tēvs, es šodien drosmīgi nāku Jēzus asiņu dēļ. Es atzīstu spēku Tavā vārdā un pasludinu, ka vienīgais Tu esi mans atbrīvotājs un aizstāvis. Es stāvu kā Tavs kalps un liecinieks, un es šodien pasludinu Tavu Vārdu ar drosmi un autoritāti.

AIZSARDZĪBAS UN ATBRĪVOŠANAS DEKLARĀCIJAS

1. Atbrīvošanās no burvestībām, medijiem, nekromantiem un garīgās ietekmes:

- Es **salaužu un atsakos** no visiem lāstiem, burvestībām, zīlēšanas paņēmieniem, apburšanas paņēmieniem, manipulācijām, uzraudzības, astrālās projekcijas vai dvēseles saitēm — izrunātām vai īstenotām — caur burvestībām, nekromantiju, medijiem vai garīgiem kanāliem.
- Es **pasludinu**, ka **Jēzus asinis** ir pret katru nešķīstu garu, kas cenšas saistīt, novērst uzmanību, maldināt vai manipulēt ar mani vai manu ģimeni.
- Es pavēlu, lai **visa garīgā iejaukšanās, apsēstība, apspiešana vai dvēseles verdzība** tagad tiktu salauzta ar autoritāti Jēzus Kristus vārdā.
- Es runāju par **atbrīvošanu sev un ikvienam cilvēkam, kurš apzināti vai neapzināti atrodas burvestību vai viltus gaismas ietekmē**. Nāciet ārā tagad! Esiet brīvi Jēzus vārdā!
- Es piesaucu Dieva uguni, lai tā **sadedzinātu katru garīgo jūgu, sātanisko līgumu un altāri**, kas uzcelts garā, lai paverdzinātu vai ievilinātu mūsu likteņus slazdā.

"Nav burvestības pret Jēkabu, nav zīlēšanas pret Israēlu." — *4. Mozus 23:23*

2. Sevis, bērnu un ģimenes attīrīšana un aizsardzība:

- Es lūdzu Jēzus asinis pār savu **prātu, dvēseli, garu, ķermeni, emocijām, ģimeni, bērniem un darbu**.
- Es apliecinu: Es un mans nams esam **Svētā Gara apzīmogoti un kopā ar Kristu apslēpti Dievā**.
- Neviens ierocis, kas vērsts pret mums, neizdosies. Ikviena mēle, kas runā ļaunu pret mums, tiks **tiesāta un apklusināta** Jēzus vārdā.
- Es atsakos un izdzenu ikvienu **baiļu, moku, apjukuma, pavedināšanas vai kontroles garu**.

"Es esmu Tas Kungs, kas apgāž melu liecības..." — *Jesajas 44:25*

3. Identitātes, mērķa un veselā prāta atjaunošana:

- Es atgūstu katru savas dvēseles un identitātes daļu, kas tika **tirgota, iesprostota vai nozagta** maldināšanas vai garīga kompromisa rezultātā.
- Es apliecinu: man ir **Kristus prāts**, un es dzīvoju skaidrībā, gudrībā un autoritātē.
- Es paziņoju: esmu **atbrīvots no katras paaudzes lāsta un mājas burvestībām**, un es dzīvoju derībā ar To Kungu.

"Dievs man nav devis bailības garu, bet gan spēka, mīlestības un savaldības garu." — *2. Timotejam 1:7*

4. Ikdienas apsedšanās un uzvara Kristū:

- Es paziņoju: Šodien es staigāju dievišķā **aizsardzībā, izšķirtspējā un mierā**.
- Jēzus asinis man vēsta **labākas lietas — aizsardzību, dziedināšanu, autoritāti un brīvību**.
- Katrs šai dienai noteiktais ļaunais uzdevums ir atcelts. Es staigāju uzvarā un triumfēju Kristū Jēzū.

"Lai tūkstoši krīt man blakus un desmit tūkstoši man pa labo roku, tie man netuvosies..." — *Psalms 91:7*

NOSLĒGUMA DEKLARĀCIJA UN LIECĪBA:

"Es pārvaru jebkādas tumsas formas, burvestības, nekromantiju, burvestības, psihiskas manipulācijas, dvēseļu viltošanu un ļaunu garīgo pārnesi — nevis ar savu spēku, bet **ar Jēzus asinīm un savas liecības vārdu**."

"Es paziņoju: **Esmu atbrīvots. Mana saime ir atbrīvota.** Katrs slēpts jūgs ir salauzts. Katrs slazds ir atmaskots. Katra viltus gaisma ir nodzēsta. Es staigāju brīvībā. Es staigāju patiesībā. Es staigāju Svētā Gara spēkā."

"Tas Kungs apstiprina Sava kalpa vārdu un izpilda Sava vēstneša padomu. Tā tas būs šodien un katru dienu no šī brīža."

Jēzus varenajā vārdā, **Āmen**.

ATSAUCES UZ RAKSTU VIETĀM:

- Jesajas 44:24–26
- Atklāsmes 12:11

- Jesajas 54:17
- 91. psalms
- 4. Mozus 23:23
- Lūkas 4:18
- Efeziešiem 6:10–18
- Kolosiešiem 3:3
- 2. Timotejam 1:7

360° IKDIENAS ATBRĪVOŠANAS UN VADĪBAS DEKLARĀCIJA - 3. daļa

"*Tas Kungs ir karavīrs; Kungs ir Viņa vārds.*" — 2. Mozus 15:3
"*Viņi to uzvarēja ar Jēra asinīm un ar savas liecības vārdu...*" — Atklāsmes 12:11

Šodien es ceļos un ieņemu savu vietu Kristū – sēdu debesu vietās, augstu pāri visām varām, spēkiem, troņiem, valdībām un ikvienam vārdam, kas tiek piesaukts.

ES ATSAKOS
Es atsakos no katras zināmas un nezināmas derības, zvēresta vai iesvētības:

- Brīvmūrniecība (1. līdz 33. pakāpe)
- Kabala un ebreju misticisms
- Austrumu zvaigzne un rozenkreicerieši
- Jezuītu ordeņi un ilumināti
- Sātaniskās brālības un luciferiešu sektas
- Jūras gari un zemūdens derības
- Kundalini čūskas, čakru saskaņošana un trešās acs aktivācija
- Jaunā laikmeta maldināšana, reiki, kristīgā joga un astrālie ceļojumi
- Raganība, burvestības, nekromantija un astrālie līgumi
- Okultas dvēseles saites no seksa, rituāliem un slepeniem līgumiem
- Masonu zvēresti par manu asinslīniju un senču priesterību

Es pārgriežu katru garīgo nabas saiti, lai:

- Senie asins altāri
- Viltus pravietiskā uguns
- Gara laulātie un sapņu iebrucēji
- Svētā ģeometrija, gaismas kodi un universālo likumu doktrīnas

- Viltus kristi, pazīstamas būtnes un viltoti svētie gari

Lai Jēzus asinis runā manā vārdā. Lai katrs līgums tiek sagrauts. Lai katrs altāris tiek sagrauts. Lai katra dēmoniskā identitāte tiek izdzēsta — tagad!

ES APSLAUGU
Es paziņoju:

- Mans ķermenis ir dzīvs Svētā Gara templis.
- Manu prātu sargā pestīšanas ķivere.
- Mana dvēsele ik dienas tiek svētīta ar Vārda mazgāšanu.
- Manas asinis ir attīrītas Golgotā.
- Mani sapņi ir aizzīmogoti gaismā.
- Mans vārds ir ierakstīts Jēra Dzīvības grāmatā — nevis kādā okultā reģistrā, namiņā, žurnālā, rakstu ruļļā vai zīmogā!

ES PAVELDU
Es pavēlu:

- Visi tumsas aģenti — vērotāji, uzraugi, astrālie projektori — tiks apžilbināti un izklīdināti.
- Visas saites ar pazemi, jūras pasauli un astrālo plānu — lai tiek pārrautas!
- Katra tumša zīme, implants, rituāla brūce vai garīgs zīmogs — lai tiek šķīstīts ugunī!
- Katrs pazīstamais gars, kas čukst melus, — apklusiniet tagad!

ES ATVIENOJU
Es atvienojos no:

- Visas dēmoniskās laika līnijas, dvēseļu cietumi un garu sprosti
- Visas slepeno biedrību klasifikācijas un grādi
- Visas viltus apmetnes, troņi vai kroņi, ko esmu nēsājis
- Katra identitāte, ko nav radījis Dievs
- Katra alianse, draudzība vai attiecības, ko pilnvarojušas tumšās sistēmas

ES IZVEIDOJU
Es konstatēju:

- Slavas ugunsmūris ap mani un manu mājsaimniecību
- Svētie eņģeļi pie katriem vārtiem, portāliem, logiem un takām
- Tīrība manos medijos, mūzikā, atmiņās un prātā
- Patiesība manā draudzībā, kalpošanā, laulībā un misijā
- Nepārtraukta kopība ar Svēto Garu

ES IESNIEDZU
Es pilnībā pakļaujos Jēzum Kristum —
Jēram, kas tika nokauts, Ķēniņam , kas valda , Lauvai, kas rūc.
Es izvēlos gaismu. Es izvēlos patiesību. Es izvēlos paklausību.
Es nepiederu šīs pasaules tumšajām valstībām.
Es piederu mūsu Dieva un Viņa Kristus Valstībai.

ES BRĪDINĀJU IENAIDNIEKU
Ar šo paziņojumu es paziņoju:

- Katra augsta ranga kņaziste
- Katrs valdošais gars pār pilsētām, asinslīnijām un tautām
- Katrs astrālais ceļotājs, ragana, burvis vai kritusi zvaigzne...

Esmu neaizskarams īpašums.

Mans vārds nav atrodams jūsu arhīvos. Mana dvēsele nav pārdošanā. Mani sapņi ir pakļauti. Mans ķermenis nav jūsu templis. Mana nākotne nav jūsu rotaļu laukums. Es neatgriezīšos verdzībā. Es neatkārtošu senču ciklus. Es nenesīšu svešu uguni. Es nebūšu atpūtas vieta čūskām.

ES AIZZĪMOGOJU
Es apzīmogoju šo deklarāciju ar:

- Jēzus asinis
- Svētā Gara uguns
- Vārda autoritāte

- Kristus Miesas vienotība
- Manas liecības skanējums

Jēzus vārdā, Āmen un Āmen

SECINĀJUMS: NO IZDZĪVOŠANAS LĪDZ DĒLA STATUSAM — PALĪDZĒT BRĪVĪBAI, DZĪVOT BRĪVI, ATBRĪVOT CITUS

" *Tāpēc stāviet stingri brīvībā, ar ko Kristus mūs ir atbrīvojis, un neļaujieties atkal sapīties verdzības jūgā.*" — Galatiešiem 5:1

"*Viņš tos izveda no tumsas un nāves ēnas un salauza viņu važas.*" — Psalms 107:14

Šīs 40 dienas nekad nebija tikai par zināšanām. Tās bija par **karu**, **atmodu** un **iešanu valdībā**.

Jūs esat redzējuši, kā darbojas tumšā valstība — smalki, paaudžu paaudzēs, dažreiz atklāti. Jūs esat ceļojuši cauri senču vārtiem, sapņu valstībām, okultiskiem paktiem, globāliem rituāliem un garīgām mokām. Jūs esat saskārušies ar neiedomājamu sāpju liecībām, bet arī ar **radikālu atbrīvošanu**. Jūs esat salauzuši altārus, atteikušies no meliem un stājušies pretī lietām, kuras daudzas kanceles pārāk baidās nosaukt.

BET ŠĪS NAV BEIGAS.

Tagad sākas īstais ceļojums: **saglabāt savu brīvību. Dzīvot Garā. Mācīt citiem izeju.**

Ir viegli iziet cauri 40 uguns dienām un atgriezties Ēģiptē. Ir viegli nojaukt altārus, lai tos atkal uzceltu vientulībā, iekārē vai garīgā nogurumā.

Nedariet to.

Tu vairs neesi **ciklu vergs**. Tu esi **sargs** uz mūra. **Vārtu sargs** savai ģimenei. **Karotājs** savai pilsētai. **Balss** tautām.

7 PĒDĒJIE NOSŪTĪJUMI TIE, KAS STAIGĀS VALDĪBĀ

1. **Sargājiet savus vārtus.**
   Neatveriet garīgās durvis ar kompromisu, sacelšanos, attiecībām vai

ziņkāri.

"Nedodiet vietu velnam." — Efeziešiem 4:27

2. **Savaldi savu apetīti.**
   Gavēnim vajadzētu būt daļai no tava ikmēneša ritma. Tas sakārto dvēseli un uztur tavu miesu pakļautībā.
3. **Apņemieties ievērot tīrību.**
   Emocionālā, seksuālā, verbālā, vizuālā. Netīrība ir galvenie vārti, ko dēmoni izmanto, lai ielīstu atpakaļ.
4. **Apgūsti Vārdu.**
   Raksti nav izvēles iespēja. Tie ir tavs zobens, vairogs un dienišķā maize. *"Lai Kristus vārds bagātīgi mājo jūsos..."* (Kol. 3:16)
5. **Atrodi savu cilti.**
   Atbrīvošana nekad nebija paredzēta, lai to darītu vienatnē. Veido, kalpo un dziedini Gara piepildītā kopienā.
6. **Pieņem ciešanas**
   Jā — ciešanas. Ne visas mokas ir dēmoniskas. Dažas ir svētdarošas. Izej tās cauri. Godība ir priekšā.
   "Pēc tam, kad jūs būsiet nedaudz cietuši... Viņš jūs stiprinās, novietos pamatus un noturēs pastāvīgus." — 1. Pētera 5:10
7. **Māci citus.**
   Par velti esi saņēmis – tagad par velti dod. Palīdzi citiem saņemt par velti. Sāc ar savām mājām, savu loku, savu baznīcu.

NO PIEGĀDĀTA LĪDZ MĀCEKĻAM

Šī lūgšana ir globāls sauciens — ne tikai pēc dziedināšanas, bet arī pēc armijas pacelšanās.

Ir **pienācis laiks ganiem,** kas spēj saost kara smaku.

Ir **pienācis laiks praviešiem**, kas nebaidās no čūskām.

Ir **pienācis laiks mātēm un tēviem**, kas lauž paaudžu paktus un ceļ patiesības altārus.

Ir **pienācis laiks tautām** tikt brīdinātām un Baznīcai vairs neklusēt.

TU ESI ATŠĶIRĪBA

Ir svarīgi, kurp tu dosies tālāk. Ir svarīgi, ko tu nesīsi. Tumsa, no kuras tevi izvilka, ir tā pati teritorija, pār kuru tev tagad ir vara.

Atbrīvošana bija tavas dzimšanas tiesības. Valdīšana ir tava mantija. Tagad staigājiet tajā.

Pēdējā lūgšana

Kungs Jēzu, paldies, ka esi gājis kopā ar mani šīs 40 dienas. Paldies, ka atmasko tumsu, sarauj važas un aicini mani uz augstāku vietu. Es atsakos atgriezties. Es lauzu katru vienošanos ar bailēm, šaubām un neveiksmēm. Es pieņemu savu valstības uzdevumu ar drosmi. Izmanto mani, lai atbrīvotu citus. Piepildi mani ar Svēto Garu katru dienu. Lai mana dzīve kļūst par gaismas ieroci – manā ģimenē, manā tautā, Kristus Miesā. Es neklusēšu. Es netikšu sakauts. Es nepadošos. Es eju no tumsas uz valdīšanu. Mūžīgi. Jēzus vārdā. Āmen.

Kā piedzimt no jauna un sākt jaunu dzīvi kopā ar Kristu

Varbūt tu jau iepriekš esi staigājis kopā ar Jēzu vai varbūt esi Viņu saticis tikai šo 40 dienu laikā. Bet tieši tagad tevī kaut kas kustas.
Tu esi gatavs vairāk nekā tikai reliģijai.
Tu esi gatavs **attiecībām** .
Tu esi gatavs teikt: "Jēzu, man Tevi vajag."
Lūk, patiesība:
"Jo visi ir grēkojuši; mēs visi neatbilstam Dieva godības standartam... tomēr Dievs savā žēlastībā mūs brīvi dara taisnus Viņa priekšā."
— Romiešiem 3:23–24 (NLT)
Tu nevari nopelnīt pestīšanu.
Tu nevari sevi salabot. Bet Jēzus jau samaksāja pilnu cenu — un Viņš gaida, lai tevi uzņemtu mājās.

Kā piedzimt no jauna

PIEDZIMT NO JAUNA NOZĪMĒ nodot savu dzīvi Jēzum — pieņemt Viņa piedošanu, ticēt, ka Viņš nomira un augšāmcēlās, un pieņemt Viņu kā savu Kungu un Glābēju.

Tas ir vienkārši. Tas ir spēcīgi. Tas visu maina.

Lūdziet to skaļi:

"KUNGS JĒZU, ES TICU, ka Tu esi Dieva Dēls.
Es ticu, ka Tu nomiri par maniem grēkiem un augšām cēlies.
Es atzīstu, ka esmu grēkojis un man ir nepieciešama Tava piedošana.
Šodien es nožēloju grēkus un atgriežos no saviem vecajiem ceļiem.
Es Tevi aicinu savā dzīvē, lai tu būtu mans Kungs un Glābējs.
Nomazgā mani tīru. Piepildi mani ar Savu Garu.

Es pasludinu, ka esmu piedzimis no jauna, man ir piedots un esmu brīvs.

No šīs dienas es Tev sekošu
un dzīvošu Tavos pēdās.
Paldies, ka Tu mani izglābi. Jēzus vārdā, āmen."

Nākamie soļi pēc pestīšanas

1. **Pastāsti kādam** – dalies savā lēmumā ar kādu ticīgo, kuram uzticies.
2. **Atrodi uz Bībeli balstītu draudzi** – pievienojies kopienai, kas māca Dieva Vārdu un dzīvo saskaņā ar to. Apmeklē Dieva Ērgļa kalpošanas tiešsaistē, izmantojot https://www.otakada.org [1] vai https://chat.whatsapp.com/H67spSun32DDTma8TLh0ov .[2]
3. **Kristieties** – speriet nākamo soli, lai publiski apliecinātu savu ticību.
4. **Lasiet Bībeli katru dienu** – sāciet ar Jāņa evaņģēliju.
5. **Lūdz Dievu katru dienu** – Runā ar Dievu kā ar draugu un Tēvu.
6. **Saglabājiet saikni** – ieskauj sevi ar cilvēkiem, kas atbalsta jūsu jauno dzīves ceļu.
7. **Uzsāciet mācekļa procesu kopienā** – izveidojiet individuālas attiecības ar Jēzu Kristu, izmantojot šīs saites

40 dienu mācekļa gaitas kurss 1 — https://www.otakada.org/get-free-40-days-online-discipleship-course-in-a-journey-with-jesus/

40 Mācekļa gaitas 2 — https://www.otakada.org/get-free-40-days-dna-of-discipleship-journey-with-jesus-series-2/

---

1. https://www.otakada.org
2. https://chat.whatsapp.com/H67spSun32DDTma8TLh0ov

Mans pestīšanas brīdis

Datums : _ ...
  Paraksts : _ ...
"*Ja kāds ir Kristū, tas ir jauns radījums; vecais ir pagājis, redzi, viss ir tapis jauns!*"
— 2. korintiešiem 5:17

Jaunās dzīves Kristū apliecība

Pestīšanas deklarācija – Piedzimšana no jauna žēlastībā

Tas apliecina, ka

_ ...

(PILNS VĀRDS)
 ir publiski apliecinājis **ticību Jēzum Kristum** kā Kungam un Glābējam un ir saņēmis pestīšanas dāvanu caur Viņa nāvi un augšāmcelšanos.
 "Ja tu atklāti apliecināsi, ka Jēzus ir Kungs, un savā sirdī ticēsi, ka Dievs Viņu ir uzmodinājis no miroņiem, tu tiksi izglābts."
 — Romiešiem 10:9 (NLT)
 Šajā dienā debesis priecājas un sākas jauns ceļojums.

Lēmuma datums : _ ...

Paraksts : _ ...

Pestīšanas dcklarācija

"ŠODIEN ES NODODU SAVU dzīvi Jēzum Kristum.
 Es ticu, ka Viņš nomira par maniem grēkiem un augšāmcēlās. Es pieņemu Viņu kā savu Kungu un Glābēju. Man ir piedots, esmu piedzimis no jauna un radīts jauns. No šī brīža es staigāšu Viņa pēdās."

Laipni lūgti Dieva ģimenē!

TAVS VĀRDS IR IERAKSTĪTS Jēra Dzīvības grāmatā.
 Tavs stāsts tikai sākas — un tas ir mūžīgs.

SAZINIES AR DIEVA ĒRGĻA MINISTRIJAS

- Tīmekļa vietne: www.otakada.org[1]
- Bagātība ārpus raizēm: www.wealthbeyondworryseries.com[2]
- E-pasts: ambassador@otakada.org

- **Atbalstiet šo darbu:**

Atbalstiet valstības projektus, misijas un bezmaksas globālos resursus, izmantojot uz derībām balstītu ziedojumu.
Skenējiet QR kodu, lai ziedotu
https://tithe.ly/give?c=308311
Jūsu dāsnums palīdz mums sasniegt vairāk dvēseļu, tulkot resursus, atbalstīt misionārus un veidot mācekļu sistēmas visā pasaulē. Paldies!

---

1. https://www.otakada.org
2. https://www.wealthbeyondworryseries.com

3. PIEVIENOJIETIES mūsu WhatsApp pakta kopienai

Saņemiet jaunumus, garīgo saturu un sazinieties ar derības noskaņotiem ticīgajiem visā pasaulē.

Skenējiet, lai pievienotos
https://chat.whatsapp.com/H67spSun32DDTma8TLh0ov

IETEICAMĀS GRĀMATAS UN RESURSI

- *Atbrīvots no tumsas varas* (mīkstie vāki) — iegādājieties šeit [1]| e-grāmata [2]vietnē Amazon[3]

- Labākās atsauksmes no Amerikas Savienotajām Valstīm:
  - **Kindle klients** : "Vislabākā kristīgā lasāmviela!" (5 zvaigznes)

---

1. https://shop.ingramspark.com/b/084?params=oeYbAkVTC5ao8PfdVdzwko7wi6IQimgJY2779NaqG4e
2. https://www.amazon.com/Delivered-Power-Darkness-AFRICAN-DELIVERED-ebook/dp/B0CC5MM4MV
3. https://www.amazon.com/Delivered-Power-Darkness-AFRICAN-DELIVERED-ebook/dp/B0CC5MM4MV

SLAVA JĒZUM PAR ŠO liecību. Esmu tik ļoti svētīts un ieteiktu ikvienam izlasīt šo grāmatu... Jo grēka alga ir nāve, bet Dieva dāvana ir mūžīgā dzīvība. Šaloms! Šaloms!

- **Da Gster** : "Šī ir ļoti interesanta un diezgan dīvaina grāmata." (5 zvaigznes)

Ja grāmatā teiktais ir patiesība, tad mēs patiešām esam krietni atpalikuši no tā, ko ienaidnieks spēj paveikt! ... Obligāti jāizlasa ikvienam, kurš vēlas uzzināt par garīgo karu.

- **Visa** : "Man patīk šī grāmata" (5 zvaigznes)

Tas paver acis... patiesa atzīšanās... Pēdējā laikā esmu to meklējis visur, lai nopirktu. Esmu tik priecīgs, ka to ieguvu Amazon.

- **FrankJM** : "Pavisam citādi" (4 zvaigznes)

Šī grāmata man atgādina, cik īsta ir garīgā cīņa. Tā arī atgādina iemeslu, kāpēc jāuzvelk "pilnas Dieva bruņas".

- **Džendžena** : "Visi, kas vēlas nokļūt debesīs — izlasiet šo!" (5 zvaigznes)

Šī grāmata tik ļoti mainīja manu dzīvi. Kopā ar Džona Ramireza liecību tā liks jums paskatīties uz savu ticību citādi. Esmu to izlasījis sešas reizes!

- *Bijušais sātanists: Džeimsa apmaiņa* (mīkstie vāki) — iegādājieties šeit [4]| e-grāmata [5] vietnē Amazon[6]

---

4. https://shop.ingramspark.com/b/
   084?params=I2HNGtbqJRbal8OxU3RMTApQsLLxcUCTC8zUdzDy0W1
5. https://www.amazon.com/JAMESES-Exchange-Testimony-High-Ranking-Encounters-ebook/dp/
   B0DJP14JLH
6. https://www.amazon.com/JAMESES-Exchange-Testimony-High-Ranking-Encounters-ebook/dp/
   B0DJP14JLH

- *Āfrikas bijušā sātanista liecība* - *mācītājs Džonass Lukuntu Mpala* (brošēta grāmata) — Iegādāties šeit [7]| E-grāmata [8]vietnē Amazon[9]

- *Greater Exploits 14* (mīkstie vāki) — iegādājieties šeit [10]| e-grāmata [11]vietnē Amazon[12]

---

7. https://shop.ingramspark.com/b/ 084?params=0Aj9Sze4cYoLM5OqWrD20kgknXQQqO5AZYXcWtoMqWN
8. https://www.amazon.com/TESTIMONY-African-EX-SATANIST-Pastor-Jonas-ebook/dp/ B0DJDLFKNR
9. https://www.amazon.com/TESTIMONY-African-EX-SATANIST-Pastor-Jonas-ebook/dp/ B0DJDLFKNR
10. https://shop.ingramspark.com/b/084?params=772LXinQn9nCWcgq572PDsqPjkTJmpgSqrp88b0qzKb
11. https://www.amazon.com/Greater-Exploits-MYSTERIOUS-Strategies-Countermeasures-ebook/dp/ B0CGHYPZ8V
12. https://www.amazon.com/Greater-Exploits-MYSTERIOUS-Strategies-Countermeasures-ebook/dp/ B0CGHYPZ8V

- Džona Ramireza grāmata *"No velna katla"* — pieejama vietnē Amazon[13]
- *Viņš ieradās atbrīvot gūstekņus,* autore Rebeka Brauna — atrodama vietnē Amazon[14]

Citas šī autora izdotās grāmatas — vairāk nekā 500 nosaukumu
Mīlēts, izredzēts un vesels : 30 dienu ceļojums no noraidījuma līdz **atjaunošanai** , tulkots 40 pasaules valodās
https://www.amazon.com/Loved-Chosen-Whole-Rejection-Restoration-ebook/dp/B0F9VSD8WL
https://shop.ingramspark.com/b/084?params=xga0WR16muFUwCoeMUBHQ6HwYjddLGpugQHb3DVa5hE

---

13. https://www.amazon.com/Out-Devils-Cauldron-John-Ramirez/dp/0985604306

14. https://www.amazon.com/He-Came-Set-Captives-Free/dp/0883683239

Viņa pēdās — 40 dienu WWJD izaicinājums:
Dzīvojot kā Jēzus reālās dzīves stāstos visā pasaulē
https://www.amazon.com/His-Steps-Challenge-Real-Life-Stories-ebook/dp/
B0FCYTL5MG
https://shop.ingramspark.com/b/
084?params=DuNTWS59IbkvSKtGFbCbEFdv3Zg0FaITUEvlK49yLzB

JĒZUS PIE DURVĪM:
40 sirdi plosoši stāsti un Debesu pēdējais brīdinājums mūsdienu baznīcām
https://www.amazon.com/dp/B0FDX31L9F
https://shop.ingramspark.com/b/084?params=TpdA5j8WPvw83glJ12N1B3nf8LQte2a1lIEy32bHcGg

DERĪBAS DZĪVE: 40 DIENAS, dzīvojot 5. Mozus grāmatas 28. nodaļas svētībā

- https://www.amazon.com/dp/B0FFJCLDB5

Stāsti no īstiem cilvēkiem, īstas paklausības un īstiem
https://shop.ingramspark.com/b/
084?params=bH3pzfz1zdCOLpbs7tZYJNYgGcYfU32VMz3J3a4e2Qt

Pārveidošana vairāk nekā 20 valodās

PAZĪST VIŅU UN PAZĪST VIŅU:
40 dienas līdz dziedināšanai, izpratnei un ilgstošai mīlestībai

HTTPS://WWW.AMAZON.com/KNOWING-HER-HIM-Healing-Understanding-ebook/dp/B0FGC4V3D9[15]

https://shop.ingramspark.com/b/084?params=vC6KCLoI7Nnum24BVmBtSme9i6k59p3oynaZOY4B9Rd

PILNĪGI, NEVIS KONKURENCĒT:
40 dienu ceļojums uz mērķi, vienotību un sadarbību

---

15. https://www.amazon.com/KNOWING-HER-HIM-Healing-Understanding-ebook/dp/B0FGC4V3D9

HTTPS://SHOP.INGRAMSPARK.com/b/
084?params=5E4v1tHgeTqOOuEtfTYUzZDzLyXLee30cqYo0Ov9941[16]
https://www.amazon.com/COMPLETE-NOT-COMPETE-Journey-Collaboration-ebook/dp/B0FGGL1XSQ/

DIEVIŠĶAIS VESELĪBAS KODS — 40 ikdienas atslēgas dziedināšanas aktivizēšanai caur Dieva vārdu un radību. Atklājiet augu, lūgšanas un pravietiskas darbības dziedinošo spēku.

---

16. https://shop.ingramspark.com/b/084?params=5E4v1tHgeTqOOuEtfTYUzZDzLyXLee30cqYo0Ov9941

https://shop.ingramspark.com/b/
084?params=xkZMrYcEHnrJDhe1wuHHYixZDViiArCeJ6PbNMTbTux
https://www.amazon.com/dp/B0FHJT42TK

CITAS GRĀMATAS VAR atrast autora lapā https://www.amazon.com/stores/Ambassador-Monday-O.-Ogbe/author/B07MSBPFNX

PIELIKUMS (1.–6.): RESURSI BRĪVĪBAS SAGLABĀŠANAI UN PADZIĻINĀTAI ATBRĪVOŠANAI

1. PIELIKUMS: Lūgšana, lai atpazītu slēptu burvestību, okultas prakses vai dīvainus altārus baznīcā

"*Cilvēka dēls, vai tu redzi, ko tie dara tumsā...?*" — Ecēhiēla 8:12

"*Un nepiedalieties neauglīgajos tumsas darbos, bet gan atmaskojiet tos.*" — Efeziešiem 5:11

Lūgšana par atšķiršanu un atklāsmēm:

Kungs Jēzu, atver manas acis, lai es redzētu to, ko Tu redzi. Lai katra dīvaina uguns, katrs slepens altāris, katra okultiska operācija, kas slēpjas aiz kancelēm, soliem vai praksēm, tiek atklāta. Noņem plīvurus. Atklāj elkdievību, kas maskēta kā pielūgsme, manipulācijas, kas maskētas kā pravietojumi, un perversijas, kas maskētas kā žēlastība. Attīri manu vietējo sapulci. Ja esmu daļa no kompromitētas sadraudzības, vada mani drošībā. Cel tīrus altārus. Tīras rokas. Svētas sirdis. Jēzus vārdā. Āmen.

2. PIELIKUMS. Atteikšanās no plašsaziņas līdzekļiem un attīrīšanas protokols

"*Es nelikšu Savu acu priekšā neko ļaunu...*" — Psalms 101:3
Soļi mediju dzīves attīrīšanai:

1. **Revidējiet** visu: filmas, mūziku, spēles, grāmatas, platformas.
2. **Pajautājiet:** Vai tas godina Dievu? Vai tas paver durvis uz tumsu (piemēram, šausmām, iekāri, burvestībām, vardarbību vai jaunā laikmeta tēmām)?
3. **Atteikties** :

"Es atsakos no visiem dēmoniskajiem portāliem, kas atvērti caur bezdievīgiem medijiem. Es atvienoju savu dvēseli no visām dvēseles saitēm ar slavenībām, radītājiem, tēliem un sižetiem, kurus iedvesmojis ienaidnieks."

1. **Dzēst un iznīcināt** : Fiziski un digitāli noņemt saturu.
2. **Aizvietojiet** ar dievbijīgām alternatīvām — pielūgsmi, mācībām, liecībām, veselīgām filmām.

3. PIELIKUMS: Brīvmūrniecība, Kabala, Kundalini, Burvestība, Okultais atteikšanās raksts

"**N**epiedalieties neauglīgajos tumsas darbos..." — Efeziešiem 5:11
   Saki skaļi:
Jēzus Kristus vārdā es atsakos no katra zvēresta, rituāla, simbola un iesvētīšanas jebkurā slepenā biedrībā vai okultā kārtībā — apzināti vai neapzināti. Es noraidu jebkādas saites ar:

- **Brīvmūrniecība** – visas pakāpes, simboli, asins zvēresti, lāsti un elkdievība.
- **Kabala** – ebreju misticisms, Zohara lasījumi, dzīvības koka piesaukšana vai eņģeļu maģija.
- **Kundalini** – trešās acs atvēršana, jogas atmodas, čūskas uguns un čakru saskaņošana.
- **Raganība un Jaunais laikmets** – astroloģija, taro, kristāli, mēness rituāli, dvēseles ceļojumi, reiki, baltā vai melnā maģija.
- **Rozenkreiceri, ilumināti, Galvaskauss un kauli, jezuītu zvēresti, druīdu ordeņi, sātanisms, spiritisms, santerija, vudu, vika, tēlema, gnosticisms, ēģiptiešu mistērijas, babiloniešu rituāli.**

Es anulēju katru derību, kas noslēgta manā vārdā. Es pārrauju visas saites savā asinslīnijā, sapņos vai dvēseles saitēs. Es visu savu būtību nododu Kungam Jēzum Kristum – garu, dvēseli un miesu. Lai katrs dēmoniskais portāls tiek uz visiem laikiem aizvērts ar Jēra asinīm. Lai mans vārds tiek šķīstīts no katra tumšā vārda. Āmen.

4. PIELIKUMS: Svaidāmās eļļas aktivizēšanas ceļvedis

"*Ja kāds jūsu starpā cieš? Lai viņš lūdz Dievu. Ja kāds jūsu starpā ir slims? Lai tie ataicina vecajus... svaidīdami viņu ar eļļu Tā Kunga vārdā.*" — Jēkaba 5:13–14

Kā lietot svaidāmo eļļu atbrīvošanai un valdīšanai:

- **Piere** : Prāta atjaunošana.
- **Ausis** : Spēj atšķirt Dieva balsi.
- **Vēders** : Emociju un gara mītnes attīrīšana.
- **Pēdas** : Došanās dievišķajā liktenī.
- **Durvis/Logi** : Garīgo vārtu aizvēršana un māju attīrīšana.

Svaidīšanas laikā teikts:

"Es iesvētīju šo vietu un trauku ar Svētā Gara eļļu. Nevienam dēmonam nav likumīgas piekļuves šeit. Lai Kunga godība mājo šajā vietā."

5. PIELIKUMS: Atteikšanās no trešās acs un pārdabiskās redzes no okultiem avotiem

Saki skaļi:

"Jēzus Kristus vārdā es atsakos no katras savas trešās acs atvēršanas — vai tā būtu traumas, jogas, astrālo ceļojumu, psihedēlisku vielu vai garīgu manipulāciju rezultātā. Es lūdzu Tevi, Kungs, aizvērt visus nelegālos portālus un aizzīmogot tos ar Jēzus asinīm. Es atbrīvoju katru vīziju, atziņu vai pārdabisku spēju, kas nav nākusi no Svētā Gara. Lai katrs dēmoniskais vērotājs, astrālais projektors vai būtne, kas mani uzrauga, tiek apžilbināts un sasiets Jēzus vārdā. Es izvēlos šķīstību, nevis varu, tuvību, nevis ieskatu. Āmen."

PIELIKUMS : Video resursi ar liecībām garīgajai izaugsmei

1) sāciet no 1,5 minūtēm — https://www.youtube.com/watch?v=CbFRdraValc

2) https://youtu.be/b6WBHAcwN0k?si=ZUPHzhDVnn1PPIEG
3) https://youtu.be/XvcqdbEIO1M?si=GBlXg-cO-7f09cR[1]
4) https://youtu.be/jSm4r5oEKjE?si=1Z0CPgA33S0Mfvyt
5) https://youtu.be/B2VYQ2-5CQ8?si=9MPNQuA2f2rNtNMH
6) https://youtu.be/MxY2gJzYO-U?si=tr6EMQ6kcKyjkYRs
7) https://youtu.be/ZW0dJAsfJD8?si=Dz0b44I53W_Fz73A
8) https://youtu.be/q6_xMzsj_WA?si=ZTotYKo6Xax9nCWK
9) https://youtu.be/c2ioRBNriG8?si=JDwXwxhe3jZlej1U
10) https://youtu.be/8PqGMMtbAyo?si=UqK_S_hiyJ7rEGz1
11) https://youtu.be/rJXu4RkqvHQ?si=yaRAA_6KIxjm0eOX
12) https://youtu.be/nS_Insp7i_Y?si=ASKLVs6iYdZToLKH
13) https://youtu.be/-EU83j_eXac?si=-jG4StQOw7S0aNaL
14) https://youtu.be/_r4Jyzs2EDk?si=tldAtKOB_3-J_j_C
15) https://youtu.be/KiiUPLaV7xQ?si=I4x7aVmbgbrtXF_S
16) https://youtu.be/68m037cPEu0?si=XpuyyEzGfK1qWYRt
17) https://youtu.be/z4zlp9_aRQg?si=DR3lDYTt632E96a6
18) https://youtube.com/shorts/H_90n-QZU5Q?si=uLPScVXm81DqU6ds

---

1. https://youtu.be/XvcqdbEIO1M?si=GBlXg-c-O-7f09cR

Ar šo nedrīkst spēlēties

Atbrīvošanās nav izklaide. Tas ir karš.
Atteikšanās bez grēku nožēlas ir tikai troksnis. Ziņkārība nav tas pats, kas aicinājums. Ir lietas, no kurām neatgūsties ikdienišķi.
Tāpēc aprēķiniet izmaksas. Staigājiet šķīstībā. Sargājiet savus vārtus.
Jo dēmoni neciena troksni — tikai autoritāti.

www.ingramcontent.com/pod-product-compliance
Lightning Source LLC
Chambersburg PA
CBHW050340010526
44119CB00049B/626